国家出版基金项目
NATIONAL PUBLICATION FOUNDATION

"十二五"国家重点出版物出版规划项目

走向世界丛书

主编　钟叔河　曾德明　杨云辉

FROM EAST TO WEST

宋育仁 泰西各国采风记

穆易　校点

岳麓书社·长沙

泰西各国采风记封面

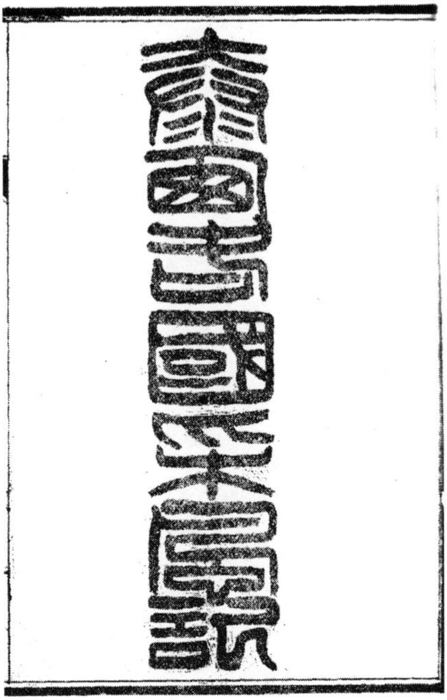

泰西各國采風記

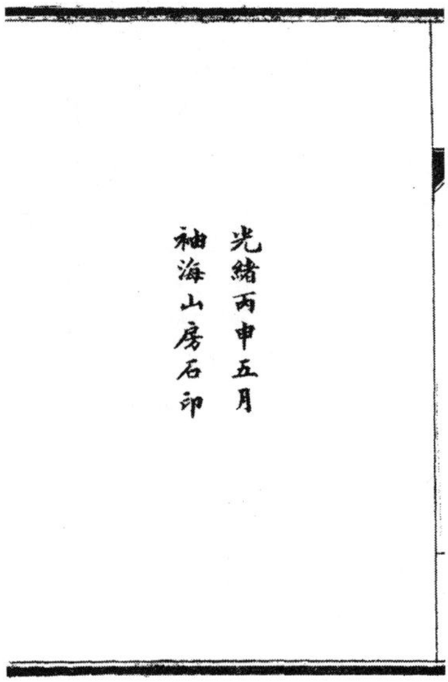

光緒丙申五月

袖海山房石印

泰西各国采风记书影

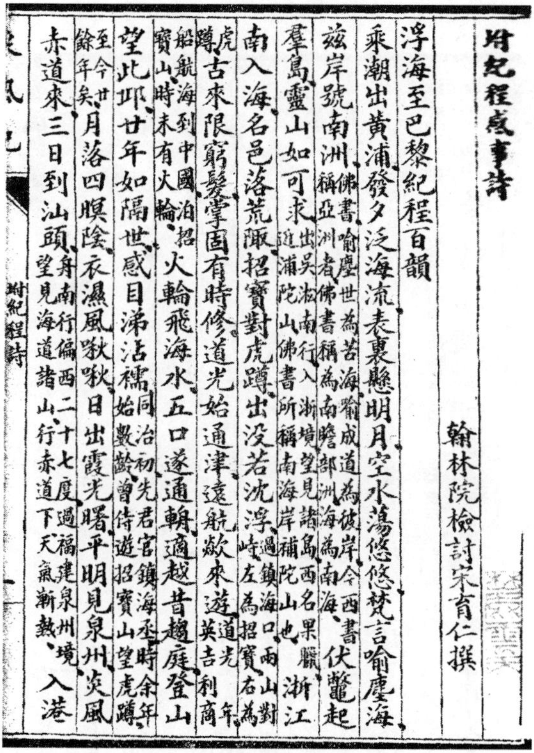
附紀程感事詩

翰林院檢討宋育仁撰

浮海至巴黎紀程百韻

乘潮出黃浦發夕泛海流表裏懸明月空水蕩悠悠梵言喻慶海
滋岸號南洲佛書喻塵世為苦海喻成道為彼岸今西書稱亞洲者佛書稱為南贍部洲海為南海伏鼇起
羣島靈山如可求出吳淞南行入浙境望見諸島西名果䑋道浦陀山佛書所稱南海岸補陀山也浙江
南入海名邑落荒陬招寶對虎蹲出沒若沈浮過鎮海口兩山對峙左為招寶右為
虎蹲古來限窮髮掌國有時修道光始通津遠舶歘來遊道光年英吉利商
船航海到中國泊招寶山時未有火輪火輪飛海水五口遂通輈適越昔趨庭登山
望此邛廿年如隔世感目涕沾襦同治初先君官鎮海丞時余年始數齡曾侍遊招寶山望虎蹲
至今廿餘年矣月落四瞑陰衣濕風啾啾日出霞光曙平明見泉州炎風
赤道來三日到汕頭舟南行偏西二十七度過福建泉州境望見海道諸山行赤道下天氣漸熱入港

附紀程詩

泰西各国采风记附诗首页

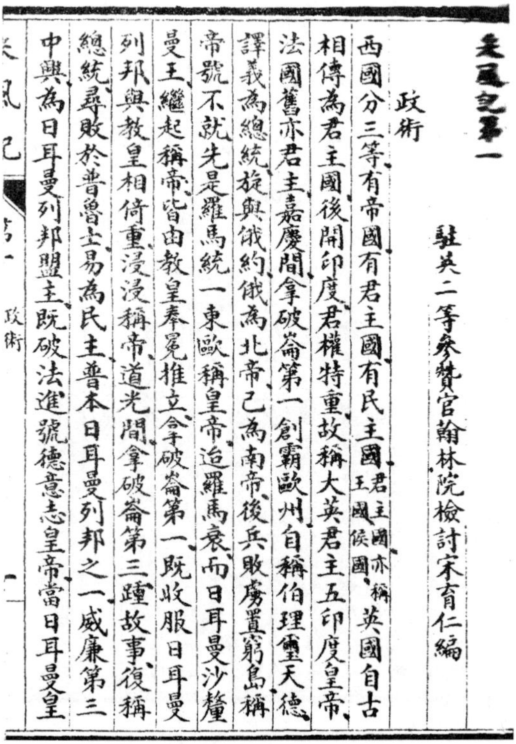

采風記卷一

駐英二等參贊官翰林院檢討宋育仁編

政術

西國分三等有帝國有君主國有民主國（君主國亦稱王國侯國）英國自古相傳為君主國後開印度君權特重故稱大英君主五印度皇帝法國舊亦君主嘉慶間拿破崙第一創霸歐州自稱伯理璽天德譯義為總統旋與俄約俄為北帝己為南帝後兵敗虜置窮島稱帝號不就先是羅馬統一東歐稱皇帝迨羅馬衰而日耳曼沙釐曼王繼起稱帝皆由教皇奉冕推立拿破崙第一既收服日耳曼列邦與教皇相倚重浸浸稱帝道光間拿破崙第三踵故事復稱總統尋敗於普魯士易為民主普本日耳曼列邦之一威廉第三中興為日耳曼列邦盟主既破法進號德意志皇帝當日耳曼皇

采風記　卷一　政術　一

泰西各国采风记首页

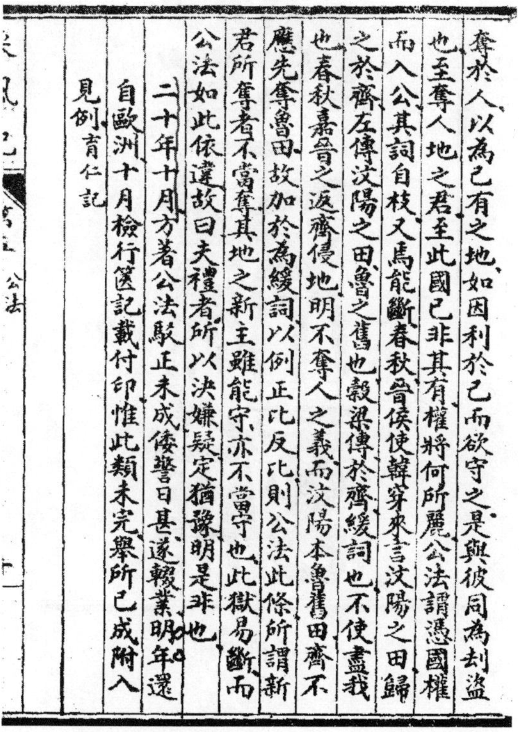
奪於人以為己有之地如因利於己而欲守之是與彼同為刦盜也至奪人地之君至此國已非其有權將何所麗公法謂憑國權而入公其詞自枝又焉能斷春秋晉侯使韓穿來言汶陽之田歸之於齊左傳汶陽之田魯之舊也穀梁傳於齊緩詞也不使盡我也春秋嘉晉之返齊侵地明不奪人之義而汶陽本魯舊田齊不應先奪魯田故加於為緩詞以例正比反比則公法此條所謂新君所奪者不當奪其地之新主雖能守亦不當守也此獄易斷而公法如此依違故曰夫禮者所以決嫌疑定猶豫明是非也

二十年十月方著公法駁正未成倭警日甚遂輟業明年還自歐洲十月檢行篋記載付印惟此類未完舉所已成附入見例 育仁記

泰西各国采风记

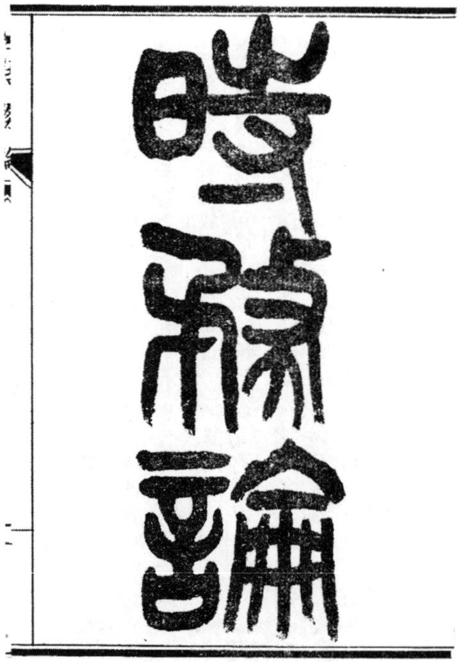

时务论书影

時務論

翰林院檢討宋育仁撰

與議政者言復古則羣焉舌橋而咤且迂笑之與議政者言救時庸者曰幸相安於無事諛者曰天下治安久矣蓋勝前古非所得而議夫言治者觀於目前之效則易明也今內則國藏空虛民不安業會匪潛結伏莽之戎屢起近三年之間前後以十數雖旋即撲滅而滋蔓已深外則先亡琉球旋失緬甸印度近者法奪我越南英人進規藏衞朝鮮叛而外附俄坐收帕米爾地千里藩屬侵削殆盡外國富强中國貧弱不可以言治我欲無事彼屢生釁不可以為安於是習於夷者未聞治道欲一切易中國以洋法不求其意惟稱其法不師其法惟仿其器竭天下之心思財力以從事海防洋務未收富强之效徒使國與聚斂而官私中飽此不揣本

时务论首页

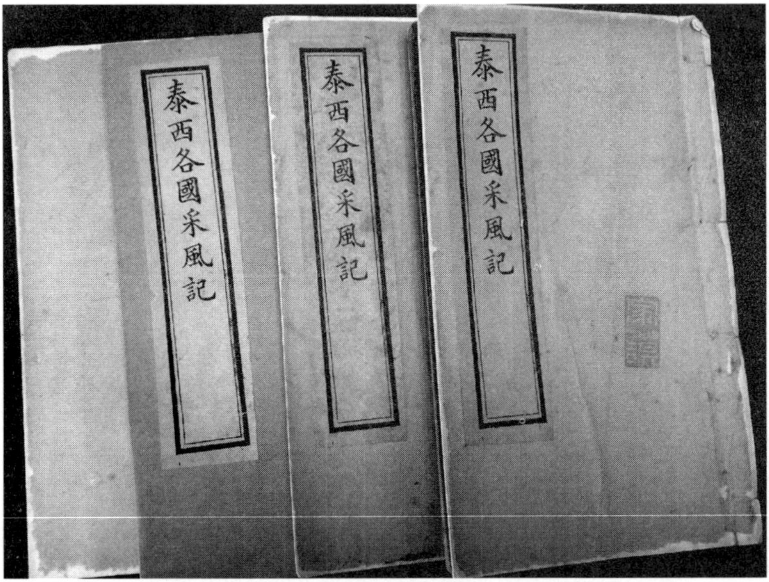

书影

本册总目□

丛书新序

钟叔河

二〇一三年十月

“走向世界丛书”一百种，只收晚清时期 from east to west（从东方到西方）的记述，这并不等于说，只有十九世纪末二十世纪初的中国人，才需要面对走向世界的问题。

纵观人类历史，走向世界决不是什么地区性和阶段性的活动，而是不断出现在全人类发展进步过程中并与之同步的历史现象。一百万年前，人类开始从非洲进入亚洲和欧洲，一万年前，又从亚洲进入北美洲和大洋洲，就是在不断地走向世界。

从有史以来的文献、文物看，三千多年前的《奥德赛》和《出埃及记》，说的是古希腊人和以色列人走向世界——走向地中海和巴勒斯坦。两千多年前的《史记》和《汉书》，写了张骞和后来汉朝“益发使”走向世界——曾走到罗马在西亚的边陲。一千三百年前的《大秦景教流行中国碑》、七百年前的《马可·波罗游记》和四百年前的《利玛窦中国札记》，记下了阿罗本、马可·波罗、利玛窦的 from west to east，这和 from east to west 一样，都是在走向世界。

人类曾因地理、种族、制度、意识形态等原因而互相分离，甚至隔绝。夜郎国的君长初见汉使时问：“汉孰与我大?”当是时，夜郎的世界僻处黔西，其“大”可知；连夜郎都未入版图，则汉之“大”亦远不如今之中国。但人为万物之灵，为了求生存谋发展，总不能老守着自己的一亩三分地，总会要想方设法走向世界——走向更广阔的外部世界。于是，汉要“通西南夷”，要前往原来“道险终不能有”的夜郎；夜郎要问“汉孰与我大”，要想改变原来“不知汉广大”的状况。由互相隔绝变而互相接近，互求了解，这就是走向世界。

走向世界，无论是自己走出去还是让别人走进来（总比让别人杀进来好），无论是主动的还是被动的，从总的历史进程看，用大的历史眼光看，都有利于发展，都是一种进步。对汉朝来说是如此，对夜郎来说亦是如此。两千年前是如此，两千年后亦是如此。上世纪七十年代末开始编辑出版“走向世界丛书”时是如此，如今来继续编辑出版这部丛书时亦是如此。

今天的中国已不再是七十年代的中国，虽然仍称发展中国家，经济总量却早已“超英”，正在“赶美”，但走向世界的路还“漫漫其修远”。时至现代，走向世界当然是要走向现代化的世界，也就是要高度现代化，全盘现代化。“四个现代化”的“四个”——工业、农业、科技和国防，已经“化”出了很大的成绩，而我们的管理现代化，我们的服务现代化，我们的制度现代化……要走的路的确还很长。

现代人走向世界，首先要使自己成为能接受全球文明，有世界知识，有世界眼光，有世界理想的人。“走向世界丛书”杰出的作者，如郭嵩焘、黄遵宪……又如邹代钧、金绍城……他们看到的新技术还是德律风（送话器和最早的手摇电话机）、火轮车（蒸汽机车）……我们如今却已经用上了智能手机、坐上了波音飞机……但在思想层面上，我（不敢称我们）反省自己的世界眼光和世界理想，甚至在世界知识的某些方面，比起一个多世纪以前的郭、黄他们来，差距实在还不小。在这方面，也就是人的现代化这方面，要走的路就更“漫漫其修远”了。

五年前北京奥运会的成功举世公认，它已经成为中国走向世界的一大标志。它的口号：

ONE WORLD，ONE DREAM

“同一个世界，同一个梦想”，这也应该是现代人走向世界的志向和目的，是我们继续编辑出版“走向世界丛书”的志向和目的。

丛书原序□

钟叔河

一九八〇年七月

人们常说，今日之世界，乃是一个“迅速缩小的世界”（rapidly shrinking world）。在电视卫星、激光通信和喷气式客机的时代，地球之上各地之间的距离，确实好像越来越短，人们相互间的接触和交流，也越来越方便和密切了。

可是，仅仅在几代人以前，异国还显得那样的离奇和遥远。古代欧洲人说，中国人用小米和青芦喂一种类似蜘蛛的昆虫，喂到第五年虫肚子胀裂开，就从里面取出丝来（Pausanias《希腊纪事》）。古代中国人则曾经相信，西方有种羊羔是从泥土里生长出来的，脐带还连着大地（《旧唐书·西戎传》、《渊鉴类函·边塞部九》）。这类海外奇谈，今天听起来简直不可思议，而在过去上千年中，却一直被当作可信的资料，记载在欧洲和中国的史书上。由此可见，人类文明的发展，经历了一条何等漫长曲折的道路。

为了探索和开辟外部世界，丰富自己的物质和精神生活，各国人民都作过许多贡献。人类文明史像叙说伟大的发明家和著作家一样，将永远铭记着张骞、玄奘、马可·波罗、哥伦布等不朽的名字。我们甚至可以这样说：一个民族从中世纪到现代的历史，也就是它打开眼界和走向世界的历史。

历史的发展从来是不平衡的。当黄河、长江已经哺育出精美辉煌的古代文化时，泰晤士、莱茵和密西西比河上的居民，还在阴暗的原始森林里徘徊。而自从地理大发现和产业革命以来，中国却相对地落后了。在西方实现资本主义的现代化以后，中国还是一个基本上同外界隔绝的古老国家。是鸦片战争打开了中国的大门，也打开了中国人的眼睛。人们称林则徐和魏源为清代最早“开眼看世界”的人，因为西方的坚船利炮打到中国来时，他们首当其冲，亲身感到这个世界在缩小，距离和壁垒再也不能将异国隔离开了。

过去时代的中国读书人，在“严夷夏之大防”

的社会里度过了上千年。封闭的外壳被打破后怎么办？守旧派的办法是把脑袋钻进沙子里学鸵鸟，像慈禧太后的大学士徐桐，见到洋人就以扇遮面。就是这个徐桐，在庚子年间焚香叩请骊山老母下凡来“杀尽洋人”，结果骊山老母没有下凡，他自己的老命却白白送掉了。而林则徐和魏源则不同，提出要“师夷长技以制夷”，主张学习外国的长处，以对付外国的侵略。要学习，先得了解，于是林则徐编了《四洲志》，魏源编了《海国图志》。虽然他们未能亲身出国去考察，书的材料靠间接采辑而来，难免有许多谬误，但无论如何，地里长羊羔之类的神话毕竟不得不逐步让位给常识了。

林、魏之后，中国才开始有读书人走出国门，到欧美日本去学习、访问和工作。容闳、王韬、郭嵩焘、黄遵宪和严复等人，要算是最早的。接着出国的人渐渐多了起来，尽管其中不少是奉派而去的政府官员，但既然去了，就不会不接触近代—现代的科学文化和政治思想，也就不可能不在中国发生影响。

“走向世界丛书”专收一九一一年前国人亲历欧美和日本的记述。自从一八四〇年鸦片战争失败那时起，先进的中国人，经过千辛万苦，向西方国家寻找真理。应该说康有为和在他之前的郭嵩焘、王韬、容闳等人，的确代表了近代中国向西方寻找真理的一派人物。当然，丛书所收的，也并不全属先进的人物的作品；但总而言之这些都是中国人从东方走向西方的实录，自有其文化的意义和历史的价值。

必须指出的是：从鸦片战争到五四运动这一历史时期中，西方国家虽在许多方面比中国先进，值得中国人学习，但国家利己主义的本质，却总是要压迫剥削比他们落后的民族的。中国人走向世界、接触西方，既有一个学习外国长处的问题，又有一个抵抗外国侵略的问题，盲目排外和盲目崇外都是错误的。对于某些作品中不免流露的这类观点，我们将在为各书撰写的叙论中，适当地作些分析，供读者参考。

“洋为中用”是我们今天的主张，也是十九世纪先进的中国人的主张。“师夷长技以制夷”，不就是“洋为中用”吗？当然，随着接触和认识的逐步深入，人们慢慢地看出：仅仅学一点“长技”，搞一点坚船利炮，还是不行的；要救国，只有维新，维新行不通，就只有革命。伟大的革命先行者孙中山，用他自己的话来说，也是在一八七八年出国以后，“始见轮舟之奇、沧海之阔，自是有慕西学之心，穷天地之想”，才树立了推翻清朝建立民国的大志和信心。历史无情亦有情，后人的思想和事业肯定要超越前人，但前人的足迹总可以留作后人借鉴，先行者总是值得纪念的。

今天的世界已不是十九世纪的世界，今天的中国更不是清朝末年的中国。今日之中国，已经逐渐以现代的面貌，出现在世界的东方。但是，世界的进步越来越快，中国的经济和文化等许多方面还需要不断地发展和提高；这就必需继续打开眼界、走向世界。打开眼界以后，还要学会分析，分清好的和坏的。一切好的东西，要拿来为我所用；一切有害的东西，要实行抵制和预防。在这方面，前人的经验和教训，有一些也仍然值得我们注意。

谨将这套丛书奉献给爱好历史和文化、关心中国和世界的读者，希望它能在中国现代化的过程中，起到一点微薄的作用，是为序。

丛书凡例□

一、“走向世界丛书”一九八六年前已刊三十五种，二〇一五年起仍按原定一百种的计划继续刊行，仍然专收现代以前用文言写作的国人考察西方（含开国后的日本）的记述，仍以亲身经历、直接闻见者为限。

二、丛书按作者出国年月排列次序，尽量单行，即以一种为一册；字数过少无法单行者，才以两种或数种合订成册。合订本尽可能以类相从，按第一种出国年月排序；其各种均在封面列出书名，书脊则只列出第一种书名，并在其下注明“等几种”。

三、每种（册）书前，均由编校者撰写导言（叙论），介绍作者有关背景和书中重要内容，酌加评论分析，以供读者参考。

四、丛书均经编校者校订，标点分段，并加边批。边批的内容主要包括三个方面，兹以《随使德国记》为例，举示如下：

1. 标题、提要和说明，如"星使由苏州来"、"普鲁士分一十二省"、"演八十日环游地球的故事"、"如夫人即赛金花"、"'人工'今皆称工人"。

2. 书中较重要的译名（加括弧注出原文或今译），如"德璀琳（Detring）"、"毕驷马（俾斯麦）"、"布莱门（不来梅）"、"德利风（电话）"。

3. 原文的订正和存疑，如"'公司船'原无船字"、"'骁勇'原作'骑勇'"、"'薛福成'成字原作辰"、"奥京立斯本应是维也纳"。

五、每种书后，均附人名索引，人名依首字笔画和一丨丿丶乚排列，按年、月、日三节数字查检（正文单页码下均有年、月、日三节数字备查）。如德璀琳之"德"字为十五画，于索引"十五画"内检得其名下首列"13，8，17"，查正文"13，8，17"在P.3下，即可在P.3上找到

(光绪十三年八月)十七日"乘肩舆往拜税务司德璀琳"的记载。

六、每种书后,一般附有译名简释(今昔译名对照,必要时并加说明),亦依首字笔画和一丨丿丶乚排列。如"卜兰墩浦 Brandenburg,勃兰登堡",又如"勺勾腊 chocolate,巧克力"。

七、人名索引和译名简释的条目,并不限于边批中所举者;边批中所举者,则必皆收入索引和简释。

八、人名索引按年、月、日三节数字查检,其原书不著年、月、日者,则按篇章序号或页码查检。

九、原文因排印(抄写)而出现的明显的文字错误径予改正,不在边批中注出。

十、原文中同一外国地名而作者译法多样,如缪祐孙《俄游汇编》中"彼得堡"就有"比得堡""彼德堡"等异文,"莫斯科"也是如此。此种情形，无碍阅读，故一仍其旧，不作统一。

十一、原文中之统计数字均一仍其旧。少量表格中之统计数字，为方便读者阅读，改为阿拉伯数字。个别已经失去时效、并无参考价值的资料，则在说明情况后予以删去。

（十二）丛书均以简体汉字印行；除总序、凡例外，编校者所作导言（叙论）、边批、索引中涉及的数字均按现行规定采用阿拉伯数字。

叙论：鼓吹“复古即维新”的宋育仁□

穆　易

策划奇袭日本的奇男子

投笔一书生，今朝定请缨。窃符惊魏寝，还璧返秦城。
孤愤遭时忌，艰难愧位轻。闻鸡中夜起，未悔去承明。

诏书迟不报，命下悔蹉跎。坐失军需急，何堪岁币多。
挥戈悬汉日，衔石误虞罗。岂见臧文仲，赪颜遇卞和。

这是宋育仁写在《泰西各国采风记》前面的两首感事诗。讽喻的是清朝政府坐失良机，以致割地赔款，令人愤懑。身怀稀世之奇谋，有经天纬地之才，只可惜一介书生，权轻位卑，遭人嫉妒，自己的奇谋无法实现，远不如先秦时期的臧文仲、卞和。臧文仲是正值齐桓公始成霸主、齐鲁力量对比悬殊时期登上鲁国政治舞台的，他受命于危乱之际，肩负斡旋重任，充分显示出了其军事及外交方面的才能。卞和献玉则是耳熟能详的典故了。

宋育仁为什么会有如此感慨呢？原来宋育仁曾经有一个非常大胆的计谋，策划奇袭日本以扭转甲午战事的局势，可惜功亏一篑，未能实现，因此愤懑难抑，宣之于诗。

宋育仁（1857—1931），字芸子，四川富顺人，进士出身。被誉为“四川睁眼看世界第一人”，时人以“管子天下才，诸葛真王佐”（秦嵩年《哀怨集序》，见宋育仁著、秦嵩年编、羊鸣山房校印本《哀怨集》）誉之。历任翰林院检讨、国史馆协修、会典馆纂修，光绪辛卯科广西乡试主考，出使英法意比四国二等参赞，四川矿务、商务监督，直隶总文案，国史馆代馆长，重修《四川通志》局总裁等职，创办《渝报》。

奇袭日本的计谋策划于宋育仁暂署英国使事期间。光绪二十年三月（1894 年 4 月），宋育仁以二等参赞的身份随出使英法意比四国大臣龚照瑗前往欧洲。甲午战争爆发前后，暂署英国使署使事的宋育仁对由购自英德等国的舰船为主组成的北洋水师还是颇有信心的，因此上书清廷，提出“倭兵少财乏，持久足以困之”的持久战战略，可惜人微言轻，未被重视。而传来的消息却是朝鲜战场、黄海海战的战事连连失利，令人揪心。

此前，有一个名叫哈格雷甫的英国人，与宋育仁相识。宋育仁从哈格雷甫那里得知，哈曾向公使龚照瑗建议，由他与怡和洋行及龚照瑗三方立约，以哈出面代购军备，招募雇佣军，前往中国参战。可惜中国政府迟迟未予答复，以致计划流产。这时，宋育仁突发奇想，是否也可以以此模式组织一支骑兵，突袭日本本土？这个设想得到使馆随员杨宜治、翻译王丰镐的支持，并开始付诸行动。他们决定从英国银行借款两百万英镑，将英国卖给阿根廷、智利两国的兵舰五艘、鱼雷快艇十艘买过来，从澳大利亚招募水兵两千人，组成一支奇袭舰队，聘请英国人、原任北洋水师总教习的琅威理为指挥官，托名澳大利亚商团，以保护商队名义，自菲律宾北上直攻日本本土。

这个似乎是异想天开的奇谋如果得以实现，是否能改变时局我们不得而知，然而一介书生的满腔热血却是令人敬佩的。

此时，返回英国的公使龚照瑗得知这一计划时，不但没有给予支持，反而以妄生事端的名义电告清朝廷。正欲与日本议和的清朝廷生怕节外生枝，立即电令废止这个计划，并诏令宋育仁急速解职回国，以待议处。回国途中的宋育仁悲愤不已，将此事写入《借筹记》中。而《感事》诗的第一首："万马渡辽河，千营夜枕戈。城亡诸将在，律丧两军和。伏阙书何用，忧时泪苦多。独怜持汉节，归雁望云罗。"未尝不是这种心情的写照。

清朝廷与日本签订了丧权辱国、割地赔款的《马关条约》，而策划奇谋的宋育仁却被剥夺二品顶戴，降回四品，回翰林院任职。

鼓吹“复古即维新”的奇特思维

1897年10月，一年前奉旨回到当时的四川重庆兴办实业的宋育仁与人一起创办了四川第一家报刊《渝报》，并以旬刊的形式迅速扩大影响，不断发表时评，翻译西方文章，宣传维新主张，成为他推行其“复古即维新”主张的前沿阵地。他在《渝报》1897年10月第一期上发表了《复古即维新论》的文章，这是他1887年《时务论》思想的延续，也是他《泰西各国采风记》所述观点的总结，更是他针对顽固派“祖宗之法不可变”、西方经济技术都是“奇技淫巧”的腐朽思想和洋务派只见西方技术文明而不知其制度优点提出的一种全新思想。他将西方各种高度文明的政治经济制度与中国最能体现上古文明的《周礼》联系起来，认为只要将上古文明发扬光大，就可以达到维新目的。他认为，其实我们的先人有很多很好的文明制度，只是被后人歪曲以致“经术不显，本源浸失”。因此他在《泰西各国采风记》中介绍西方各国的政治制度、教育制度、司法制度、宗教制度时，总是将它们与《周礼》之制比较研究，证明西方的现代文明制度其实就是《周礼》制度的现代翻版，从而证明他的“复古即维新”的主张是可以行得通的。

他为什么会提出“复古即维新”这种奇特的思想？

他在《泰西各国采风记》中有一句话也许正是答案："故言反古乃可救时，非好高谈，实不得已。"也就是说他提出"复古即维新""反古乃可救时"这种高调的思想，并非是想标新立异，其实是有不得已的苦衷。那么这种苦衷是什么呢？

> 今誉洋者，不知论本，但誉其美，不问其何以能禁暴止奸，自蔽者不知政本，但护言我中国固如是，且疑不如是，不能禁暴止奸，誉洋者不能难，亦以为中国自古如是。盲与盲辨，黑白终不能明，则置而不论，于政弊无救，而徒令慕洋者疑孔子之教。先王之政，固如我中国今之所行，惜于未奉教于洋。此意兴而国本危，名教将为天下裂，不可不察。故言反古乃可救时，非好高谈，实不得已。

这是宋育仁在参观英国监狱之后，发出的一段议论。其所谓誉洋者，应该就是指当时的洋务派，他们热衷于西方的科技文明，以引进西方的先进技术为己任；自蔽者大概指清朝廷一大帮顽固守旧派，他们认为"祖宗之法不可变"，中国现有的一切自古以来就是如此。这是当时两股庞大的势力，他们把持朝政，互相攻讦，因此才有了宋育仁这种看似奇特其实是调和的改良思想。因为在宋育仁看来，自蔽者所守的祖宗之法是已经变质的腐朽之法，是秦朝以来的弊政，真正的善政是以《周礼》为标志的上古之法，西方的文明也是这种善政的翻版。在宋育仁看来，自蔽者们认为不变的祖宗之法、要坚守的祖宗之法不应该是已经腐朽的现有弊政，而应该是《周礼》所展示的善政；另一方面，西方的各种制度实际上早在这些上古善政中都有体现，而且更加完善，因此誉洋者也不要将眼光只拘泥于西方的技术文明，也要看到那些可以追溯到中国上古善政的西方制度。如果采取这种“复古即维新”的思想，是否可以使得学习和引进西方的制度文明、技术文明和坚守祖宗之法的论调统一起来呢？这大概就是宋育仁提出这种不得已的奇特思想之由来吧？这大概也是宋育仁不像其他的出使者那样写游历日记，而是写出了《泰西各国采风记》这种类似政论著作的缘故吧？

不过，这种思想并不是他一时的兴起，他在更早之前所写的《时务论》就已经提出了“言救时之策者，孰有愈于复古”的论断，并做了全面论述。他说：

> 以余观圣人之论治，先富而后教，由兵而反礼。其始务在富强，其术具在六经，而《周官》尤备。外国未习其书，而能得其意，故专勤其始务，而遂收其初效。中国蒙承平而安之既久，书生不问时务，仕者守成法，又不求经术，故习其书，乃反亡其意；猝见外国之富强，震惑于心目，以为自古所未闻，圣人所不及。是非惟不知圣人之治术，并不知外国之富强何由而致也。诚求外国富强之故，乃隐合于圣人经术之用，则言救时之策者，孰有愈于复古乎？

在这个论述之后，他一口气例举了十三条西方的先进之处实际上中国古已有实效来论证他这个观点的正确，并进一步申述说：

> 夫法之良者，美于其意也。制之变通者，因于其时也。由彼已成之效，求其富强之术，稽之于古，而意不得通，则谓古今之民殊，谈经术者为迂阔。由今之治，无变今之习，

即不必富强，而幸可无患以长保，则谓中外之势殊，言更张者为多事。然今中国之患弱而忧贫，路人知之矣。敌国之富强，反求于古则备，用经术而富强立效，天下大安，敌国怀畏，有长久之福，圣治之名，则何所顾虑而不师于古?

在他看来，无论崇洋者也好，守旧者也好，他们都没有看到西方富强的真正原因，才会有“迂阔”“多事”的指责。其实，“敌国之富强，反求于古则备，用经术而富强立效”，而这些“圣人经术之用”，“具在六经”“《周官》尤备”，因此他才提出“救时之策”就在于“复古”，“复古即维新”的观点，才会以政论的形式写《时务论》《泰西各国采风记》。

《泰西各国采风记》是宋育仁在欧洲一年时间的考察成果。全书分为政术、学校、礼俗、教门、公法五卷，从五个方面全面论述西方的文明制度、习俗礼仪以及与《周礼》所描述的上古善政的异同，以期为中国的维新运动提供一个可供实行的标本。实际上也是对他《时务论》中提出的观点的一种实地考察和深入总结。

他在“政术”卷中，以英国为主体，旁及西方各国，介绍了西方国家分为帝国、君主国、民主国三种政体的演变历程，详细描述了西方的议院制度、选举制度、官吏体制、司法制度以及财政、税务、钱币、铁路、兵役等方面的情况。

他的“复古即维新”的思想，首先体现在他对西方议院制度及选举制度与中国上古先王政教制度的比较研究之中。他在详细介绍了英国及其他各国的议院制度、选举制度后，有一段较长的评述，对西方议院之制的优劣以及与《周礼》的异同进行比较和论述，实际上就是他“复古即维新”主张的具体体现：

察议院之制，公举于乡，进而议政，如古之乡校。但乡校不过持清议，不致持国柄。然礼有大事，皆受成于学。西国议员虽举于商，缘其俗重利，才能者皆操商业，故选士于商，其实议院比于古之太学，议员乃西国之士也。其上院则如古世卿，《周礼》询群臣、询群吏、询万民，朝士掌治朝之位，有众庶在焉。然则《周礼》并有上议院在治朝，且令众庶得入而听政，更宽于今之西制。但圣制昭明，先定民志，不必事事交议，时时争辩，以致争权无上耳。西人略得其意，而不知治本。《周礼》选举兴甿，主于乡老。乡大夫乡吏，皆致仕之老，故能选举无失。今既用商，又一听之平民，宜其选以贿成。奥法选政操于教师，国学高第近雅似矣，而与富商参选，则积重而权亦归商。其变僻陋为富强，全得力于议院。其尽变旧渐之华风，荡然尊卑之分，则由彼教导其源，而议院扬其波。深观得失，议院权虽偏重，而大通民隐，实为善政。其流弊至若彼者，由无礼教以立民志之本，故人人欲擅自主之权，视君如无，不夺不餍。即其得失，以证经术之治，可悟名教以定民志，为选士议政之本源。今中国名教昌明，正宜大通民志。而经术不显，本源浸失，误认名教为涂民耳目，束缚黔首之具。夷未知本，躐等而施之。中外既通，彼此相形，民志将由静而动，教猱升木，为渊驱鱼，不可不深长思也。

他认为西方的选举制、议院制实际上就是《周礼》的“询群臣、询群吏、询万民”，但是“其变僻陋为富强，全得力于议院”，“议院权虽偏重，而大通民隐，实为善政”。

在对西方各国的政治制度考察研究后，宋育仁对西方议院制推崇备至，认为议院是欧洲振兴的根本所在：

> 政非议不成，议非众不公，而民众不能按户而说，执途而语，故由民举其能者、贤者，代民达隐，陈其所利，除其所害，故议院为欧洲近二百年振兴根本。自有议院，而君不能黩武，暴敛逞刑，抑人才，进佞幸，官不能怙权固位，枉法营私，病民蠹国。故风行景从，不崇朝而遍欧美。议院为其国国政之所在，即其国国本之所在，实其国人才之所在。

又对民选出来的官员，没有贪污腐化、横征暴敛、作威作福的优点欣赏不已：

> 通率民主之官，六倍于国授，而权职相等，互相维制。无论民举国授，皆就其地取人，进退皆由舆论，无盘踞把持与贪赃枉法、纵威殃民之事。不司赋税监工，故无横征浮派。食禄有定缺，无肥瘠而钻营奔竞，贿赂之风自止。中国今日地方官一切敝政，皆所绝无。

他在赞赏西方的制度之时，又时时将之与《周礼》相比较。如上述没有中国地方官那样弊政的民举之官，他就认为合乎《周礼》“使民兴贤，入使长之；使民兴能，出使治之”之义。

他参观了英国的监狱，描述了英国监狱从未定罪犯的入狱程序，到监狱设施、审判程序、探视程序以及监狱设礼拜堂以感化犯人的措施，都说明西方在法政方面的人性化和高度文明程度。而对比清朝当下的政治特别是狱政，不啻于天壤之别。他写道：

中国之政敝，莫狱为甚。文告既繁，相遁以伪，大讼至系千，累数年不决，小讼则一听官吏，以意为轻重，听断无时。不肖之吏，恃刑求狱，动加桎梏。捕役狱卒，皆借敲剥为生，相倚为奸，而狱官不诘。民未定罪，先受非法刑求。及入狱门，又有狱卒之私刑拷掠。观于外域之狱政，益恍然其中国迁流之失，大远于先王明刑弼教之心。夫制刑之意，所以禁暴止奸，所以弼教安民。今誉洋者，不知论本，但誉其美，不问其何以能禁暴止奸；自蔽者不知政本，但护言我中国固如是，且疑不如是，不能禁暴止奸，誉洋者不能难，亦以为中国自古如是。

他认为，只要真正实行先王的“明刑弼教”之制，就能够做到比西方的狱政更加文明先进，因此他在欣赏的同时，也没有放过西方这种制度的不少弊端，甚至对西方一些现代文明的现象也进行了抨击。他在论述西方议院制度与学校的关系时，有一大段评论值得关注：

议院之根本在学校，证此益明议院为人望所在，则以得与为荣，牢笼要结，标榜贿赂之弊，亦相缘而生。近年各国议院，滥竽者颇众，然既不长学问，又不达事理，即无从置议，不过旅进唱诺而已，故于议院全局无损。然西人已窃忧其损院声，妨贤路，启政府揽权之渐。西治之最可称者，惟议院、学校二者相经纬。民为国本，士为民率，其骎骎进夷而夏，实由得士而昌。但其教陋，弃人伦，无君子，故有废君主，抑父权，男女同例，婚姻自主，亲不共财，贱不下贵诸谬说陷溺其人心，相承奉以为大律。其教书不言政，故其议政，皆本民情，推求利害而出，博采中外古今良法，参合

> 而成。中国周孔之书，政教该备，顾反奉其教，而不由其政，久而忘所本。吏以政为己所得专，士以政为与己不属，不知生民之始，无所谓国，有首出之圣人，众服其教，然后聚服教之众人而成国。草昧之际，无所谓君，有立极之圣人，章明至教，然后推广主教之权而立君。有教然后别于禽兽，有名教然后别于夷狄。生民之本，以教为归宿，顾民生无养，不能施教，于是乎立政，归其权于君，故曰政在养民。

这段评述中，他认为西方“议院、学校二者相经纬”最可称道，“议院之根本在学校”，但也指出了由此而产生的同出一校之议员相互标榜、贿赂丛生甚至可能“启政府揽权之渐”等弊端，而这一切的根源就在于“其教陋”，也就是其后所说的“弃人伦，无君子”的现象。而中国“周孔之书，政教该备”，只是后人奉其教而不由其政，以至于忘记了根本，才导致如今不如西方的情形。在他看来，可以比肩《周礼》之制的西方制度还是不错的，西方的选举制度、议院制度、行政制度是值得学习借鉴的，具有很多优点，只是因为其没有像周孔那样的礼仪伦常之教，才会产生各种弊端。而中国有周孔之教义，可惜丢失了《周礼》之制，忘记了根本，才会出现如今的局面，只要将周孔所倡导的政治制度恢复发扬，就可以达到维新目的。

不过，在西方长达一年多，充分认识了西方各种制度、文明，甚至敢于满腔热血组织奇袭舰队的宋育仁，却将“废君主，抑父权，男女同例，婚姻自主，亲不共财，贱不下贵”等西方现代文明说成是陷溺人心的谬说，说明宋育仁的思想还是颇为保守的，“三纲五常”的理念已经深入到了他的骨髓。他的所谓不得已才提出“反古乃可救时”“复古即维新”的主张，恐怕也只是一个说辞而已。这种观点，从下面这段论述中看得更为清楚：

> （西方）父子夫妇之间，直以财相往来，兄弟则无涉矣，无所谓纲常亲爱。此谓去义怀利以相接，由其教平等根之，而其律率之。故尚诈力，轻仁义，贪险成风。人怀鄙薄之心，而貌为势利之交，其举国皆如今官场之交际。乃悟圣道之立纲常名教，使人返本思诚，其道为万不可易。奈何中国之学衰不能以明政，政敝不能以卫教。愚者直不知其敝，智者乃震于功利，以洋为师。不知学洋必重利，重利必尚诈力，尚诈力必轻仁义，轻仁义必废君臣父子之伦。有目前救国危之近效，而隐种世道之深忧，故非明经术者，不足以言治天下也。

这是宋育仁详细介绍了西方在遗产、契约、婚姻等方面的各种律法规定之后的一段评论。他认为，“欧洲人皆重利，以此劝能，其富强之得力在此，而悖理灭性，不免夷狄亦在此。其律最重钱财”，重利忘义，都是因为没有纲常名教为其导引约束所致。如果急功近利，学习西方却又不“明经术”，不以“圣道”的“纲常名教”为指引，那么虽然可以收到挽救国家危难的近期效应，却会埋下危及世道的隐忧，得不偿失。他的这种思想虽然有保守之嫌，却也并非无的放矢、没有见地之说，即使今日来看，也未尝没有借鉴意义。

奇怪的是，为了维护其复古思维的合理性，宋育仁对西方的科学文明也不惜曲解和批评。第三卷“礼俗”卷中，宋育仁在对西方工商立国、理财有道、职业分工、学术分业等现代文明做了介绍后，既对其先进性和优点不吝赞美之词，又时不时出现一些奇特的思维以维护其“复古即维新”的主张。最明显的例子无过于其对西方天文学的解释。因为西方地球自转、绕日而行以及发现天王、海王二星等天文学新的观点似乎无法合乎周制，便有了下面一通解说：

究举其大概，地球自转本轴，每日一周，不过为变日每日一周天旧说，设法以合于昼夜；地球旋绕日轮，每岁一周，不过为变日行在南北陆旧说，设法以合于寒暑、冬夏。月绕地球，仍属浑天家言，不足争奇立异，故又创为五星皆地球，各有数月旋绕以矜创获。五星乃谈天古候，不能自辟蹊径，又乞灵于远镜，创天王、海王二星之名，以实其行星无数之言，因以破日月五星为七政之说。至日之光气变动，月之积冰仍本火之精为日、水之精为月古义，而小变其辞，其规合脱卸，可谓工于掩袭，而踪迹终属可寻。

这段解说，将西方利用天文望远镜发现天王、海王二星说成是“乞灵”之举，其他学说也是为了标新立异而已。他为什么要这样看待西方的天文学说呢？原来他是担心如果这样的学说一旦成立，那么，他所要恢复的古制变成了空中楼阁、虚妄之言，因为他认为，西方这种学说：

其用心，尤在破中国守先之言，为以彼教易名教之助。天为无物，地与五星，同为地球，俱由吸力相引，则天尊地卑之说为诬，肇造天地之主可信。乾坤不成两大阴阳，无分

> 贵贱，日月星不为三光，五星不配五行，七曜拟于不伦，上祀诬而无理，六经皆虚言，圣人为妄作……如彼学所云，则一部《周易》，全无是处，洪范五行、春秋灾异，皆成瞽说，中国所谓圣人者，亦无知妄男子耳。学术日微，为异端所劫，学者以耳为心，视为无关要义，从而雷同附和。人欲塞其源，而我为操畚，可不重思之乎？

在他看来，如果按照西方的天文学说，那么，天尊地卑、君臣父子的伦理纲常都没有了，这是要“从发源处决去天尊地卑，则一切平等男女，均有自主之权；妇不统于夫，子不制于父，族姓无别，人伦无处立根，举宪天法地，顺阴阳陈五行诸大义，一扫而空”，这是“欲塞其源”，令人无法接受的观点。因此，他在“教门”“公法”两卷中，不惜篇幅，对西方的宗教演变、万国公法的条规进行了条分缕析的辨析，从而推论出西方宗教原是对东方上古经世之术的反叛、《春秋》才是真正的万世公法，以便证明他的复古之策才是维新的最佳途径。其中他抨击最严厉的是利玛窦、艾儒略、汤若望、南怀仁，认为“利、艾、汤、南以后，始译传其学，持以与中学争胜，而秘所从来。西人自诞以为独得，群蒙闻声相哗，以为希有，甘自鄙弃旧闻，而争誉之。市哄耳谈，几成定论”，“利、艾东来以后，又窃取中国圣言以攻中国名教，所谓异端之尤，黠盗之魁”。

利、艾、汤、南四人，是明代以后西方传教士向中国介绍西学、传播西方教义的代表。宋育仁认为他们篡改中国先王的“圣言”来攻击中国的名教，混乱了视听，导致出现了如今的局面，也是他推行“复古即维新”之策最大的障碍，这也是他对此深恶痛疾的原因。

他在《时务论》最后有一段论述，可以看成是他提出“复古即维新”主张的总纲，值得重视：

> 顾议救时，而必斤斤复古者，诚见外国之盛强，在于治法之密而近于古，非因循补苴之治术，所能与之争。《周官》圣人经世之术，外国略得其意，而其效立睹，非汉唐以下诸人之所及见。论者不思其本，欲举国效洋，而天下啍啍不服其名，狃于习见，闭口不谈，而天下汹汹，交丧其实。孰明乎外国之为治，有得有失乎？其失者，彼夷狄之法，其得者，乃古昔圣人之意也。今取证于外国富强之实效，而正告天下以复古之美名。名正言顺，事成而天下悦从，而四海无不服。舍此而再思其次，则无策以自救。用此则拨乱而反治，转败而为功，譬之荆轲入秦，图穷而匕首见矣。夫殷忧者，天所以启圣人也。毋亦我朝奉天宪圣，经术当兴，天故令外夷之悟我中国乎？则何幸有此万期之一时也。

这一段总纲式的论述，将他提出救时必复古、复古即维新这一论断的原因、宗旨、必要性、可行性做了详尽的表述，是后世理解他这一主张的重要文字。总之，无论是写《时务论》也好，还是亲身求证的《泰西各国采风记》也好，以至后来兴办实业，创办《渝报》，宋育仁的目的都是一个，就是用西方只是略得中国圣人经世之术就已经取得了非常可观的成效、繁荣而富强来证明救时必复古，“复古即维新”之策的正确。

2000 年后，学者开始关注宋育仁，对他进行全方位的研究，如文成英《近代巴蜀的“变法”散文》（《渝州大学学报》2000年第2期）、董凌锋《维新运动期间宋育仁经济思想研究》（兰州学刊2006年第5期），黄宗凯等著《宋育仁思想评传》（西南交通大学出版社2007年12月出版），刘菊素等人系列文章：《宋育仁的变法思想》（《巴蜀史志》2008年第1期）、《宋育仁的外交思想》（《中华文化论坛》2009年第3期）、《论宋育仁的军事思想》（《巴蜀史志》2010年第3期）、《宋育仁对西方议会制度的追求》（维普资讯），王尔敏《宋育仁之旅英探索新知及其富强建策》（《近代经世小儒》，广西师范大学出版社2008年4月版），罗毅等人的《渝报与宋育仁的维新事业》（《中华文化论坛》2008年8月），邓又萍《旧城记忆宋育仁》（《往事》）、伍奕《宋育仁：隐没的传奇》（四川文艺出版社2013年1月出版）、刘永加《计划奇袭日本的大清外交官》（《文史博览》2014年第10期）、聂作平《宋育仁：旧文人与新时代》（《随笔》2016年第2期）等，从各个方面对宋育仁及其思想进行研究。本书的出版，冀望能给学界进一步的研究提供一些帮助。

宋育仁泰西各国采风记□

光绪二十年（1894）三月	随使英法意比
光绪二十一年	因故被诏令卸职回国

□据光绪丙申（1896）五月袖海山房石印本
□穆易校点

宋育仁泰西各国采风记目录

附纪程感事诗

浮海至巴黎纪程百韵

乘潮出黄浦，发夕泛海流。表里悬明月，空水荡悠悠。梵言喻尘海，兹岸号南洲（佛书：喻尘世为苦海，喻成道为彼岸。今西书称亚洲者，佛书称为南瞻部洲，海为南海）。伏鳌起群岛，灵山如可求（出吴淞南行，入浙境，望见诸岛，西名果腊，近浦陀山，佛书所称南海岸补陀山也）。浙江南入海，名邑落荒陬。招宝对虎蹲，出没若沉浮（过镇海口，两山对峙，左为招宝，右为虎蹲）。古来限穷发，掌固有时修。道光始通津，远航欻来游（道光年英吉利商船航海到中国，泊招宝山，时未有火轮）。火轮飞海水，五口遂通辀。适越昔趋庭，登山望此邶。廿年如隔世，感目涕沾襦（同治初，先君官镇海丞，

黄浦出海

入浙境

时余年始数龄，曾侍游招宝山望虎蹲，至今廿馀年矣）。月落四暝阴，衣湿风啾啾。日出霞光曙，平明见泉州。炎风赤道来，三日到汕头。（舟南行偏西二十七度，过福建泉州境，望见海道诸山。行赤道下，天气渐热）入港见翠微，云气冒山楼。蜂房叠层阛，碱平通九馗（入港行里许，泊香港。层山苍翠，上有云气。洋楼背山面海，因山基层叠而上，望如蜂房。中通阛阓，街道修平，略如上海）。嘉树郁青苍，夹道何翛翛。憭憭行未央，一息聊淹留。对岛峙九龙，咫地弃不收。荜路启山林，夏声大有田（香港对面为九龙山，广东辖地。香港旧为荒岛，道光壬寅为英所据，招徕商会，建造市廛，遂成巨埠。居民十二万人，船户三万人。沿海之地，每中国一亩，岁收课银百馀两，山地少减，亦数十两。故一偶之地，收课银八十馀万）。雪琼昔云远，担耳感行株。前贤迁谪来，今我独无邮（出香港南行，右为琼州境）。晨经越南境，波平鉴潜虬。古闻重译贡，户庭今不绒。大通信有时，固为中国忧（佛书言天度后三千年，天下当大通，以时数考之，其言当验）。暮入澜沧浦，潢污见培塿（入西贡江口，循山麓，曲折行十五海里，泊西贡进港。江口与澜沧江入海口平行，相距甚近）。南圻属西贡，百厘溢旁周（咸同间，越南杀教士，法兵舰往攻顺化不克而退，遂入此口。启衅两次，割南圻六省，其原设之西贡总督，改为东京、北圻、南圻、柬浦寨四处总督）。华民聚堤岸，转粟逾万艘（华民聚市处名堤岸，计五万人。分居南圻各省者，尚有

过泉州

泊香港

经越南

二十馀万。贸易以运米为大宗，岁出米至一千八百万石）。征敛颇繁苛，淄渑信难调（法国税则有身税、招牌税、贸易税、房税、地基税、进口税，税款甚重。身税惟取华民，进口皆闽广货。华人自相买卖，而取税倍重）。吏议成闭市，居民望有鸠（光绪十九年，法复新立章，尤为苛细。华商罢市，进口货皆不至。星使登岸，商人邀至闽广会馆，所称中华会馆是也。商耆率众数十人，具呈诉诸苛细状，求使者至法求辖免）。真腊鉴前车，暹罗惎之谋（柬浦寨旧为真腊国，服属于法，法设巡抚治之。过南洋 去年法复用兵暹罗，进取湄江以西两省）。三日新格坡，柔佛国巳墟（新格坡，或译新加坡，本柔佛国地。嘉庆二十三年，英以兵船夺据之。其王退居近岛）。交衢聚成都，熙攘来相投。西里及爪哇，交广与骆欧。暹缅交印度，土人号巫尤。奇服或燋齿，桑艾语嚯吸（英立埠，不税进出口货，以广招徕，由是商旅云集。华民居此者十五六万，多粤闽人。此外民族多至数十种，有印度及葛罗巴所属诸岛，西里百爪哇之属，土人巫来由族黧黑，嗜槟榔，多燋齿）。苏门对麻甲，此焉实襟喉。犹见汉官仪，横海独无侯（新加坡二百六十海里，至麻六甲海峡。右为麻六甲，左为苏门答腊，为新加坡之外户。出此则为印度洋。新加坡又闽粤海口之门户也，驻有总领事。流寓华民，尚知有中国。商家客厅有对联，头门挂衔灯。巡海兵船偶一至，无常驻者）。暮入苏门峡，婆罗山气幽（苏门答腊山，长约八十海里，其山尾尽处，名勃拉司；对亦有山，列树葱青，洋人名之曰谓船）。微风生澜漪，浩荡没海鸥。镜清无纤尘，时时见文儵。台飓西南来，鲲运起吞舟。冲浪硉前却，蓦波汨若泅。寄身渺一粟，望天如覆瓯。天吴既肆虐，赤熛复我遒。三日已愆期，五日犹不侔。身无四凶罪，投荒实请囚。万物矜耳目，撄宁圣所优。闻道力不任，怀德庶思柔。晨经巴德峡，雨来天忽黝。云垂水壁立，举目尽胡愁。船主缚桅樯，水手登如猱。出险身犹慓，再生叹且讴（过巴德峡，近锡兰境沿海岸有山，舟行避浪。近山麓，天忽雨，有疾风横掠舟，对面不辨向。舟势欲薄山，船主自缚桅，指引舟向，约半刻时始出险。庆再生矣）。清歌夜鼓琴，蹲舞欢相酬。南蛮昔跳月，索偶搜其逑。双双今实来，易妻或承羞（西人跳舞，本于南蛮跳月之俗。然彼乃男女初婚牉合，今则夫妻同赴会，各随所悦，交易而偶舞亦伦矣）。避风泊海堤，云是克伦裒（抵锡兰之克伦博。此地无马头，泊舟海中。英人筑堤界，海长一里许，高厚出海面约三丈，界成一湾，以障洪涛。克伦博，一作格仑坡，一作科郎埠，或云科郎褒）。大浪来啮矶，飞沫喷起涛。格里荡王居，葡荷为之蒐。环涂备兴工，营国置汝酋（昔时有新格里王，居开殿城。初为葡萄牙所并，继属荷兰。嘉庆元年，始为英所夺踞。垦筑招徕，建炮台兵房、教堂书院、铁厂、监狱、关署，修铁路，自挪拉里山顶，至开殿山之中间，置大酋于开殿，即《使西纪程》所谓高诺。英人称其大酋为格男浮，中国译之为总督、巡抚，皆以意为之，

交谊舞

过科伦坡

其本意犹言管理人耳。新加坡以内华人称之为兵头）。锡兰古化城，涅槃仍首邱。三刹有遗尘，昆卢日少俦。高卧疲津梁，菩提荫有樛（锡兰，古狮子国，是佛降生灭度处。自为英据，佛教久衰，仅存三刹。一曰开来南庙，有如来卧像，磁质长三丈，有菩提树。云佛降生时，先栖此树，僧出贝叶经，售与客，号为名刹，仅一住持而已）。经阿剌伯前经阿剌伯，西去埃与犹（阿剌伯，回国，与印度接境。迤西为犹太埃及旧国，皆已并于英矣）。旧教既沦胥，操戈起为仇。其民转愚鲁，黧面务而句。妇女环镊鼻，高冠身沐猴。乞钱泅海底，没身如一沤。广漠多不毛，民类仅有噍。置戍更设官，驱使如马牛。七日逾亚丁，海颈狭若湫。过亚丁左盼见狼荒，斥卤野无棅（犹太旧教，本自东来，耶稣生于犹太，长于埃及，为犹太旧教祭司长所杀。其徒保罗、约翰等传教，又见杀，故耶稣教徒誓灭旧教。其实耶稣受洗于犹太之旧教约翰。教本东来，且承佛氏之遗说。自稣克得拉岛至西丁一带，土人皆印度阿剌伯种。人皆黧黑，以巾冒首；妇女鼻上镊环，多至五六。男高冠，儿童驾独木小舟游海面，见客舟索钱，掷水中，则争泅而取，如鱼蛙然。地多童山斤土。土人粗蠢。英人建炮台，驻兵二千，设官于此。土人贫且愚，凡粗工重役，皆令土人为之。过亚丁约三时，入红海口。两山矗立，海面约三洋里，水底有礁，中间可行者仅一里。英语名勃白耳门，译言谓之哭海颈也。红海左岸为阿非利加洲境）。炎方道红海，风来转飕飗。孟夏收恢台，冷然天气秋。绿净镜明

过苏伊士

波，陵鲤贯如鲉。三日苏彝士，道咫一何庾。明灯照夹岸，权星如缀旒。古时两州限，僝工实旁俅。鞭石入海水，蹠地成通沟。夥颐信无资，疏浚不时扰。右顾见埃及，山水信清脩。文教自东来，铭刻犹可搜。粤稽虫鸟篆，遗取绝代輶。欲谕象胥言，恐贻众楚咻（苏彝士河，旧为阿非利加与欧罗巴两洲分界。海舟至此，须易火车交替。赖赛朴斯集股开凿，令与地中海相通。河道狭处，悬球如表，大如瓜，入夜沿河排列红绿二色灯，以照船行。每段分布挖泥机器，十里设以电局，按船收税，岁用不资。河岸西为埃及，山川清秀。旧时石刻，存者尚多，土人影照出售。字体繁重，多画虫鸟形。字直行，与西文旁行者异。埃及在中为西，在西为东，疑三代象胥谕语言所

入地中海

及）。停轮发波赛，禅海进乘桴。半程亚散德，希腊泊无由。土耳介强邻，幸免剪为俘（苏彝士河北岸为波赛，又半日程，抵亚勒散德，土耳其大埠也。英既征服埃及，设总督治之，建公署如此。土耳其盛时，地跨欧亚二洲。及与俄构兵而势蹶。英法出而议和，各割其地，彼仅以自存。舟经土耳其之康第岛，接希腊境）。浃辰过枚息，卡腊见山椒。罗马盛文物，通工亦绸缪。丛台峙参差，轨涂络置罘。山花海上闻，芬芳服已攸（枚息那海峡，左为

格息那今译墨西拿

昔昔来岛，其镇曰梅斯，即梅息之转音。右为意大利之南省卡腊勃来，其镇曰而爱及。两岸皆山，火车往来如织。楼阁参差，山花遍岭，舟过香闻，诚胜境也）。晨经考息岛，马赛不逾餈。希腊前考牧，法郎攘其羭。海堤交虎

牙，炮台对钜鳌。水闸纬铁船，桥衡转环弧。三面倚山墉，一方阻上游。商利四远来，形胜此爰诹（清晨过考息卡岛，即至马赛，不半日程。马赛开地最古，五六百年前，希腊人先至是处，遂成都会。后为法人所夺，尽力经营，街阔大，丈层廛蔚起。其地势三面倚山，一面当地中海口。老海口旧筑炮台，南北对峙。后又于先海口外，更筑长堤两道为新海口。新旧海口之间，为水栏四，皆有铁桥机轮开合，以水压力，运动甚便）。鸣钟发车栈，霆奔驰电游。砉若雷雨作，映若乘风影。旋转见山川，历录辨田畴。一宿二千里，中栈还数休（由马赛至巴黎，火车一宿至停轮五六次，每次五分钟，久则十分钟）。平明巴黎都，喧填略难侔。民富在兴工，管墨握其阄。泰西既同风，寰宇借前筹。周官亡所守，求野信云赒。礼乐俟君子。谁为宏远猷。

至马赛

至巴黎

感　事

万马渡辽河，千营夜枕戈。城亡诸将在，律丧两军和。伏阙书何用，忧时泪苦多。独怜持汉节，归雁望云罗。

江海隔中原，论都已枉论。艅艎先失水，猿鹤尚乘轩。东海惭高蹈，西邻畏责言。呕馀心血在，潮夕作潮翻。

茧足返秦庭，台湾未解兵。潜师谋郑管，侵地劫齐盟。星火催和约，楼船息战声。如何闻越甲，不耻向君鸣。

投笔一书生，今朝定请缨。窃符惊魏寝，还璧返秦城。孤愤遭时忌，艰难愧位轻。闻鸡中夜起，未悔去承明。

诏书迟不报，命下悔蹉跎。坐失军需急，何堪岁币多。挥戈悬汉日，衔石误虞罗。岂见臧文仲，赪颜遇卞和。

采风记第一

政　术

西国分三等：有帝国，有君主国，有民主国（君主国，亦称王国、侯国）。英国自古相传为君主国，后开印度，君权特重，故称大英君主五印度皇帝。法国旧亦君主，嘉庆间，拿破仑第一创霸欧洲，自称伯理玺天德，译义为总统。旋与俄约，俄为北帝，己为南帝。后兵败虏置穷岛，称帝号不就。先是罗马统一东欧称皇帝，迨罗马衰，而日耳曼沙厘曼王继起称帝。皆由教皇奉冕推立。拿破仑第一既收复日耳曼列邦，与教皇相倚重，浸浸称帝。道光间，拿破仑第三踵故事，复称总统，寻败于普鲁士，易为民主。普本日耳曼列邦之一，威廉第三中兴，为日耳曼列邦盟主。既破法，进号德意志皇帝。当日耳曼皇既

西方政制演变历程

废，而奥渐强盛，教皇立奥主为皇帝，以继罗马古皇之位。宋之末，北狄灭罗马，后为俄所并。土宇日广，君权特重，世称皇帝。故今欧洲西教各国，称帝者惟俄、奥、德三国；英君主之帝号，仅行于印度；法由君主而易为民主；美自华盛顿开国，即为民主，然皆在六七十年内。而巴西易君主为民主，始自光绪十五年。此外为民主者，有和兰及瑞士列邦，馀皆君主王侯之国。昔君主虽无帝号，亦有重权。位世及，不传女。英自威廉第三始定传女之

英皇之制

制，无子立女，女可以传其子，君死子幼，妻代终其身，然后授之于子。君老而疾，则子摄行事。自宋度宗时，始令国中公举贤能，入下议院议事，而君权渐替，惟主议院之启闭聚散，授百官之爵禄，统水陆之师旅；爵绅之有过犯者，君得而黜之；臣民有罪当按治，法令有缺当建革，交涉有事当举措，度支有绌当征科，官司有考当黜陟，皆

英国政制

谳之于法院。议之自议院，举之自议院、政府，君主能以事下会议，而不能独断；惟用首相，权在君主。然使议院不欲，遇事相持，不崇朝而引退，仍无权焉。议院所议，君主虽得驳反，然三请必从。旧有仪卫冕服，今惟初立戴冕之日一陈，馀时惟乘六马车、两红衣卒前导而已。宫甚闳丽，门有两红衣卒侠立，正门立红衣卒八人。君主出遇于途者，无贵贱皆脱帽致敬。君禄有常制，即位之初，议院定之。分君身之禄，与宫中之用为二款，常禄外有产入租之式，与平人等。

英未兴民议院以前，皆世爵主政，君临议院，与世爵

会议。其后分世爵之大者、富者为上议院，小者、贫者为下议院。至宋度宗时，始令国中举贤能入下议院，而上议院之权渐轻，用世爵如故。世爵之制，亦略分五等，译者即古封五等之名称之。皆有庄园，如采，爵与采皆传长子，馀子不与；皆有专职，如世卿。自与民议院，始由议院涉用庶官。今则由议院入官，可升显仕，登政府为首相。自罗马天主教兴，分遣教士襄理诸国国政，始渐兴学校，由教士擢用，如选士。今则学校日盛。由律师入官可封爵登政府，而教士转衰，惟上议院尚有大教师二人，教师二十四人，然皆专议教务，不关庶政。自通商地广，增置官署，始由各署长官选能自佐，洊擢大位。如辟除。今则由本署总办可擢长官，由君举之，可即为首相。综其仕进之路，凡四途：一世爵凡五等，皆入上议院，有才能建白，首相得举以入政府为各部长官，举措洽于议院，君得举以为首相。一议员多富商之有才能者，由民举入下议院，有才能建白，首相得举以为各部长官，顾议绅即彼国之贤能，地望甚高，视登政府不重，于议院举措洽于众望，君得举以为首相。一学校由法学院考成为律师，由艺学院考成为艺师，由律师、政府得举以任刑官，有才能著绩，或积年劳为本国政刑官者，内部得举以为刑政官之长（若按察司、总管大臣、巡审官）；为藩地刑政官者，藩部得举以为疆吏之长（若按察司、政务司、正副兵头，译以为巡抚总督者）；为领事官者，外部得举以为公使，有才能著绩，首相得举以入政府，有才能建白，君得举以

英政体之沿革

仕进之路凡四途

为首相；由艺师、商部工部，得举以为工商庶务官（若邮政院、兴艺官、公会善举等官），有才能著绩，或积年劳，商部工部得举以为庶官之长（若善举总管、总税务司），有才能著绩，首相得举以为工部大臣，积年劳无失，可升授商部大臣；由文学院考成者（统格致诸科凡五，详学校条），不必入仕途，才能尤异，由阿佳底密大学院众学士，得举为学士，其入仕者，或由学部总管府举为典试官，及太学大书院教习，或于学业之外，兼有治事才，首相得举为学部长官正贰（英称总管府大臣，兼其贰为副总管，法称学部大臣，译以为尚书）；博士地望亦高，视学部大臣不措意，故多不仕；由道院考成为教师，贤能尤异，议院教会得公举入上议院，参议教务（英国上议院有大教师二人，教师二十四人），上议院教师得举牧师之贤能为教务监督。一辟荐各署长官，皆得自举。其属自最卑之秩，始积年劳，可擢至属吏首领，有才能建白，属地方有司者，内部得举以为刑政官之长；属疆吏者，藩部得举以为疆吏之长；属使职者，外部得举以为总关税务及公使，有贤劳，首相得举以为各部长官。武职皆出于武备学院，考成由政府举授武职，水师举于海部，陆军举于兵部，部大臣则举由首相。各国官制小有分合异同，而泰西制度，皆转相仿效，颟若画一。

各署长官皆得自举

英国有大臣十八位，与君主参决政事。一曰宰相，兼户部长，二曰刑部长，三曰总管大臣，四曰掌玺大臣，五曰度支大臣，六曰内部长，七曰外部长，八曰藩部长，九

英国君臣体制

曰印度部长，十曰兵部长，十一曰商部长，十二曰工部长，十三曰海部长，十四曰兰卡司理事大臣，十五曰民部长，十六曰邮政长，十七曰阿尔兰参赞大臣，十八曰副总管。皆由首相荐授。诸人有过，责在首相一人。不合于首相，则其人告退。首相不合于众人，则首相退。与议院相持不合，则首相率其党俱退。两院各以其党推举，君择一人命为首相，则其党俱进为政府。法、美、俄皆有国会。如军机普义奥上院，皆有简派大员与君参决，皆如政府，与英制大略相同。

君主择首相，命百官，聚散议院，发号施令。首相与政府主参决国事，进百官，行政用财判狱。上议院主申驳画诺，推举首相，改定律例。下议院为一切政令所从出，其权特重。事虽由上院可之，君命之，政府颁之，百官行，然下院议成，三请必报可。君与政府所主行，下院相持，必报罢。君特用首相，下院不谐必告退。上院依违于两间，亦有持政之权，而不能主议，由上院皆世爵，不以才能选，且世爵沿古制，主守旧章，为利于上。虽保君位，存上下属有华风，然未闻圣人制作之典。其先掇拾唐宋以来末治，无经世全模，夷习之旧，大半未革，故不能自立。下院虽以才能举，然岛国重通商，专言利，故趋重商人，积势使然。兼以用财皆自商出国所仰给，商以财结人，则举者尤众。今下议员类皆富商。西商或明制器，或多涉异国，必明事理，长算计。国无礼教（耶稣教有戒而无礼，且薄商人，故为商者，往往不信教），惟计利害

下议院其权特重

上院不能主议

甚明。商多更事，有才辩，虽专谋利己，而食于此业者众。民心所仰，为利于下，而国因之富强，故上院虽偶有诘驳不能夺，结党相持，亦不能胜也。偏重之过，则废尊卑上下，君如守府，上院如赘旒，百官如傀儡。国贵商，则小贩亦醵为公司，以事贸转，而事田作者日减，食物腾贵，贫民渐多。遂有一党，洋语名鸭挪吉思，主废国法，均贫富，分布诸国，徒侣甚众。意主先杀各国君相，废人国，然后取贫富而均之。往年俄主为其党桀石狙击毙于车，法民主被刺如路，今复刺法民主及意首相。此其治无本源，虽因民所利，而弊即因缘而起。然其先君权重时，英主则穷兵黩武，暗主则夺民财以自丰，实不如今政之整齐。民享乐利，故不但本国之民不肯易其治，即邻国亦不愿其君夺民权。

（无政府主义之主张）

（议院之制）

察议院之制，公举于乡，进而议政，如古之乡校。但乡校不过持清议，不致持国柄。然礼有大事，皆受成于学。西国议员虽举于商，缘其俗重利，才能者皆操商业，故选士于商，其实议院比于古之太学，议员乃西国之士也。其上院则如古世卿，《周礼》询群臣、询群吏、询万民，朝士掌治朝之位，有众庶在焉。然则《周礼》并有上议院在治朝，且令众庶得入而听政，更宽于今之西制。但圣制昭明，先定民志，不必事事交议，时时争辩，以致争权无上耳。西人略得其意，而不知治本。《周礼》选举兴甿，主于乡老。乡大夫乡吏，皆致仕之老，故能选举无失。今既用商，又一听之平民，宜其选以贿成。奥法选政

（西制周礼之异同）

操于教师，国学高第近雅似矣，而与富商参选，则积重而权亦归商。其变僻陋为富强，全得力于议院。其尽变旧渐之华风，荡然尊卑之分，则由彼教导其源，而议院扬其波。深观得失，议院权虽偏重，而大通民隐，实为善政。其流弊至若彼者，由无礼教以立民志之本，故人人欲擅自主之权，视君如无，不夺不餍。即其得失，以证经术之治，可悟名教以定民志，为选士议政之本源。今中国名教昌明，正宜大通民志。而经术不显，本源浸失，误认名教为涂民耳目，束缚黔首之具。夷未知本，躐等而施之。中外既通，彼此相形，民志将由静而动，教猱升木，为渊驱鱼，不可不深长思也。

议院制实为善政

中国宜大通民志

英格伦与维而司五十二部，举一百八十七人；大邑一百九十七，举二百九十五人；有国学之邑三，举五人。苏格兰三十二部，举三十二人；大邑二十二，举二十六人；有国学之邑四，举二人。阿尔兰三十二部，举六十四人；大邑三十有三，举三十九人；有国学之邑二，举四人。今下议院员凡六百五十四人（大英国志：一千八百五十二年，下院六百五十六人。列国岁计：一千八百五十三年，英下院六百五十八人。今减四人）。凡举每部，无过二人。先荐而后举，荐人者无富贵贫贱，凡年二十一以上皆与。举人者，必土著有田产，赁屋六十年者，岁租金镑五枚，赁二十年者，岁租金镑五十枚以上。岁一报名，有司为之登册。至秋则各部巡察官，考其登下。如律有国学之邑，则必由国学考奖登第，给有文凭，始得举人（奥制：

英及西方选举制度

奥选制

操选政者，首为天主教总监督，监督希腊教中主教大书院，掌教大臣，次则有田产富豪及捐款在十磅以上及由国学考奖登第者，丹制首富户，次外国人入籍三十年，为通商各会董者，皆得操选。普制：下院议员入院，逾二年者亦得举员自代。义制，凡与选政者，须岁捐一磅十二先令以上。瑞典制限岁出捐五十六磅，入款四十五磅以上。法制：操选者，首天主教总监督、学部大臣，次有田产富豪，工艺厂主，次由国学考奖登第及大书院教习，通商各会董，次捐款岁出□磅以上，生业岁入□磅以上，外国入籍者不与。皆限年二十五以上，诸国同）。凡议绅升于政府，或过黜身故期满（七年为期，亦有八年、四年者）。下议院之首，告诸总审事院。审事院选一人，主选缺属某部邑，告于其地，先日其地之人，两人为互结，书所知人名，质于与选政者。八人取其名署于荐简，如干结，然后上于有司，一日毕齐。举人者取于荐牍之中，署名独举。所举人数，视所缺额之数。专举一人者，听公举之地，或学校，或公会之所，置铁匦，使官监之。举人者书所举投匦中，一日毕齐，乃启匦，视举之多者为中选。凡应举者必本籍，年二十一以上，有家产生业，未犯监罪者。（比制：限年二十五以上，或外国人侨寓已满七年入籍，岁捐至八十四磅。德制：限年三十以上，能出捐资，已三年未犯罪者。义制：限年三十，有田产于国中者。荷制：限土著有产业，岁捐一磅十三先令以上。法制与英略同。）世爵刑官教师职官食俸、国工司董及逋负报贫者，皆不得

其他各国选举之制

总审事院

举。下议院之权无所不统，而尤重年款，举一岁税捐所纳，俸饷所出，皆由议院定议始行。通商立埠，传教兴师，皆以财用为主，故权并议院。惟听讼不关，然亦有得执问者：一，议员阻挠大事；二，议员以未议之事，先泄于人；三，登新报著私书，诋毁议院；四，贿赂坏法；五，诬人以罪。有若五事，议院议之，以谳于上议院，上议院谳之定其罪。职官虽不选于议院，而首相则由议院保荐。（命由君主。或不由议院保荐，遇事而议院持之，不崇朝而告退。）各部之长与其属，虽由首相与各部之长指授，然院院有不足于其人，即当别举。既授官，如不协人望，议院可得诘问；有犯罪，议院得执而谳之于上议院。（诸国制皆略同。荷兰别有国会，十四员出身部员，练达诸务，王有事必咨之。）举一人为院首（英语名司批克），一人副之，一人主宣读记载，二人副之。（法：议院一长四副，记事六人。比国一长一副，议员十人为一班，每班各有专司，院长为领班。王有交议，人有启事，先付院首，清晨入院，以新事按班付承议，继以旧议未定者，询班员班首，于午后十人各就院中精舍，各抒所见，次日覆陈，以取公断。）君有所兴发，官有所建白，民有所请，皆交下议院。宣读者读其目，众无可否，以俟再读，再读再议，众起问难。院首不议，惟定言者先后之次序，从违之多寡，计全院人数，是者过半，即为议成，则序于简，以俟三读。三读既毕，以上于上议院。上议院画诺，则上于君主。报可，则颁于行政之官。君及上议院如不可，则

五种罪事议院议之

西方议院议政制度

三读

反之下议院。下议院曰然，则易议以进。议不可易，则再上之。君所否者，三上必允行。上议所否者，再上能罢之。或两院公举数人，以平其议，下院必相持，则政府告退。（上院持议者，多政府中人，世爵依违而已。）

上议院之构成

上议院以爵首为院首。除世爵外有律师，封爵主。上审院者一二人，教会总监督一人，监督二十四人。首相得举各部长官入上议院，无限员数，不必备视所居署位，在上议院者举之，如度支大臣、总管大臣、刑部大臣，主管法者，位在上议院；副总管大臣，商部工部大臣，主民职者，位在下议院。首相亦得举下议院员入上议院，然竟升者甚稀，必由各部长以选。（法国于两院各部外，别设一国会院，如军机。国会院公举二十八人总统，简派十五人。凡有未议，皆由此四十三人核转。德意志总上议院，权重事繁，议员由二十五国各简派，共五十九人，分七

其他各国上议院

班：一班主水陆各军务，一班主内外捐税，一班主贸易通商，一班主轮路信局电报，一班主文式律法，一班主户口田赋，一班主外部事务。普上议院，亲王与前代国王长裔为上等，十六侯国，次有土田世爵，次大地富户，倡兴工艺与文学有名博士，次八省各封一人，有封爵者，次大书院公举者，次国王简派大员。奥国上议院分四等：首亲王，次高爵，次总监督教师，次有功于国、有名于家各绅。义国上议院，亲王世子及简派大员；限年四十、才望卓著者。荷国上院，择殷富户，出捐最大者充之。瑞典限年三十五岁，出捐四千四百五十磅以上，及岁得薪水银二

百二十三磅以上者。匈牙利附于奥国，亦有上议院，亲王三人，天主、希腊两教总监督共三十一人。丹国上院六十六人，王于下院内选十二人，馀由民举，与下院同。葡国上院，令绅举限考取正途，岁入能致五百磅者。西班牙由民举，限年四十，曾仕膺重任及学有素望，次则殷户，多出税能助通商者。瑞士合众国三十二邦，合为国会，如他国之上议院，每邦派二人入会。巴西国会，上议院限年四十，而土著岁入一百六十磅以上。墨西哥十九部，各举二人入国会、上议院。美国国会，上院由各邦邦会推选二员。日本国会分三班，中班首相副相及大臣五员，左班即议会，右班即正副部官。俄无议院，亦有国会，一曰国会，由王简派，似军机；一曰政会，主献可替否，行政决狱，凡通晓法律者皆与于会；一曰圣会，主此会者名教督，教内三等大员皆属焉。）首相可出入两院参听，馀由首相举入院，始得入。上院主判诺，下议院有不当，可条驳而不能自议。其讼狱则由下院议者归上审院判决，由地方有司谳者，属地归按察司，本国归巡审院，或入刑部。

西人好胜，其教重权，故通国之俗最争权。百年前官权亦最重，而教会抗之。顾耶稣教会特缘教皇专政，起而解其权，不能夺其权，以自与蹈其故辄。因俗重利，得力通商，国有兴举，皆资于商财，爰仿教会立商会，势渐趋重，遂揽国权。英人转徙美洲，由耶稣教会人与商会为联，遂别立民主，乃由教会商会推广，创兴议院。诸国相观继起，因自然之势，行顺民之令，权归议院，而官权日 议院之由来轻。俗既重权，政府之好持权，甚于中国。赖有议院相持，使不得逞。论事与议院不合，则政府当告退。是政府之黜陟，隐然主于议院，故无怙下权，固位模棱，苟容之弊。其议绅虽多富商，然皆少学于书院，长有专门才艺，通达事理，优于议论者始得举，实彼国之士流。惟中国贵农，士兴于甿；外夷贵商，士选于商为异耳。

议院议事格局程序

英伦上下议院，同在一区，而分两院。下院在西，上院在东。偕议绅戈登往观，院如中国戏园，空庭覆屋，环周以楼。其下周阿列坐，三面相向。院长西位东向高坐，记事三人坐其前，共一横案。南一行近中为政府长官坐，议绅坐其后。北一行近中为建议议绅坐，不议者坐其后。楼东向一楹，为妇女听议处。西向一楹，为王家世爵、百官使臣听议处。南楹为报馆听议处，设案置笔札，北楹则平人听议处，朝闻议则夕登报，夕闻议则朝登报。建议者先举欲所问，以问政府长官，政府长官管之，见一绅举户部用人问户部长，部长不置对，言此系部权，非所当问，群皆哄堂。问者以次毕，建议者举牍宣议。是其议者同声曰唯，数称唯者其从众，恒视众之然否，以定从违。上议

上院议事之制

院式与下议院同，惟坐移北向南，设君主座位。正中有亭幄，爵首坐其前，大教师三人坐其右，西向记事三人共案。在爵首前对面南向，东一行为政府坐，西一行为议员坐。报馆听议案在楼北楹。世爵之退于政府者，仍可入于议院。适英前首相沙侯与今外部金议一事，持不决，爵首祖金，起代外部争之，手按律例，口讲指画，至声色俱

厉，仍不能决。乃由爵首命分左右袒，部长爵绅毕出，分两门入。是左者入门左，是右者入门右。二人持签记数，以从者众寡，决从违，定议、综论大要。政府主律例，下院主事理，上院调停于事理律例之间，故政得持平，而庶务理。《周礼》询群臣，询群吏，询万民，制不同而意有合。比而拟之，世爵则群臣也，政府则群吏也，下议绅则民所举也。后世偏重吏，国事惟吏之问，积久而窃权。怙势蒙蔽，文具之弊丛生，则专任吏，而不问臣民之过也。盘庚、大诰、多士、多方，犹想见当时君相举措，与士庶曲达其隐，各尽所怀之景象。夷法虽不如圣治文情之周至，然实能得治国之本源。我朝定制，尝令六部九卿、翰詹科道会议。小九卿翰詹科道，皆不治吏事，而令参决吏治者，良以治国与群臣共之，且翰詹科道皆取于正途，阶卑仕未久，自田间来，与民尤近，能通下情。法古询群臣万民之意，而与时变通，至善良法，而习久成其文。翰詹既除编检不与，得与闻者已寡，科道惟知弹劾而已。与其弹劾于事后，曷若敷奏于事前？取鉴于议院，可悟矣。

取鉴议院改良朝制

法废君主，故上议院不主用世爵，仍用民举，惟限年四十以上，定额三百员。巴黎三十人，馀各邑无过二十人。各邑之举上院议员，限其举者惟国家所授地方官。若府佐与县宰及各邑所举府议绅得举所知，馀由各邑税户公推数人为举者。其人数多寡，以其地民数为之制。下院议士限年二十五岁以上，无定额。每一敌朗司芒十万人举一人，或三四人。除过犯逃亡与新迁其地二年内者，不得与

法国选举制度

举，此外凡民皆得举所知。两院议员，除故王裔、现任武职不得应举，馀无论已仕、现仕、未仕皆得举，不限资阶。宰相例得入院建言。若有专派大臣治一事者，由宰相引入议院得与会议。伯理玺天德举于议院。秩满先期一月，由伯理玺天德谕议院举代。若无谕则先期十五日由两院议举。若薨于位，有故辞退，则即时议举。政府进退视议院从违，与英同，而持轻重则过之，良由英存君主。上院专用世爵保党，常众政府犹有得半之权。法废君主、舍世爵，保党甚微，政府遂成奕棋之局。伯理玺天德有罪，下院参之，上院鞠之，大臣有罪亦然。政之用舍，大臣之黜陟，总统之举废，皆由议院。实举国听于议院。势太偏重，愈趋愈远，遂有废国法、均贫富之党起于其后。德国上议院亦主用世爵，略同于英，而参以选举，君权仍重，故得持平。美国统由选举略同于法，而别立察院，取于律师，由考试进任之，终身在任，以才望推升，不出此途。议院主议法，政府主行法，察院主断法。议成，付察院推断，断可，然后付政府施行。故察院之权，足以持议院之弊。德美之政所以优于英法也。

各国选制之利弊

政非议不成，议非众不公，而民众不能按户而说，执途而语，故由民举其能者、贤者，代民达隐，陈其所利，除其所害，故议院为欧洲近二百年振兴根本。自有议院，而君不能黩武，暴敛逞刑，抑人才，进佞幸，官不能怙权固位，枉法营私，病民蠹国。故风行景从，不崇朝而遍欧美。议院为其国国政之所在，即其国国本之所在，实其国

议院为欧振兴根本

人才之所在。顾人才聚于议院，而其源出于学校。其大学五科，专门各有出处，议士不由此选，然率以各门学业多通而又周知民事情形、通达事理、长于议论，为选举之式。且由学院成名者，虽不必尽应举，而能举人。其平人任举者，限年二十一以上，皆曾入小学，肄业十二年。（小学自五岁至十七岁，各有次第，依年而进。不操事业者，小学期满，始改习业。）人皆略知学问难易，浅深优绌，故所举不致大远于式。又择众而从制其地所举屡失实，则废其地，举额故实，能拔十得五。俄国民间议立议院，俄主三德第一言我国学校未遍，民多未教者，遽令民举议员，必率意妄举，徒为乱法，无益于治。议院之根本在学校，证此益明议院为人望所在，则以得与为荣，牢笼要结，标榜贿赂之弊，亦相缘而生。近年各国议院，滥竽者颇众，然既不长学问，又不达事理，即无从置议，不过旅进唱诺而已，故于议院全局无损。然西人已窃忧其损院声，妨贤路，启政府揽权之渐。西治之最可称者，惟议院、学校二者相经纬。民为国本，士为民率，其骎骎进夷而夏，实由得士而昌。但其教陋，弃人伦，无君子，故有废君主，抑父权，男女同例，婚姻自主，亲不共财，贱不下贵诸谬说陷溺其人心，相承奉以为大律。其教书不言政，故其议政，皆本民情，推求利害而出，博采中外古今良法，参合而成。中国周孔之书，政教该备，顾反奉其教，而不由其政，久而忘所本。吏以政为己所得专，士以政为与己不属，不知生民之始，无所谓国，有首出之圣

西治可称在议院学校相经纬

周孔之书政教该备

人，众服其教，然后聚服教之众人而成国。草昧之际，无所谓君，有立极之圣人，章明至教，然后推广主教之权而立君。有教然后别于禽兽，有名教然后别于夷狄。生民之本，以教为归宿，顾民生无养，不能施教，于是乎立政，归其权于君，故曰政在养民。天生民而立之君，使司牧之。作之君，作之师，君位即师位。尊君位，即重教权，归政权于君，即归政权于教。君为教而设，非教为君而设；立君以保教权，非立教以保君权。经术不明，但用尊君卑臣之法；至于政敝，不可收拾，官吏承风窃权，自部堂至知县，皆盗有人君威福之柄。不知臣无有作福作威，特归其权于君者，以其昌名教之尊，为名教之主，故曰以一人治天下，然后立公卿大夫士，以辅君而成化，公卿大夫士皆得议政以献于君。古者五十命为大夫，公卿大夫由士以选。天子之元子，皆士也。士未有行政之权，而应有议政之任。国有大事，受成于学，即此义也。中国如设议院，进士流而相与议政，先有礼义为持议之本，遇事奉经制为法守，有疑引圣言为折衷，较外国事易而功倍。三代之治可复，名教之美益彰。如复因循苟且，但逐西人之功利，而不求诸本源。西人不知中国本末，已因我之政敝，而议我之教，非习洋之徒，亦不自知其本末，但觉政不如彼，以为与教不相谋，则疑经术本不能致治，愈用贪诈无识市井以从政，而摈士于门外。于采西政，则买椟还珠，于治中国，则饮鸩解渴。清流不深求治理，而但持名教之空文，以议其后，庸有益乎？

君国之设因教而成

中国如设议院之议

外国皆以首相兼户部管度支，得《周官·冢宰》制国用之意。俄国有总司会计官，正如《周礼》之司会。因俄无议院，故必别设官司。欧洲诸国，皆由议院以今岁之出，制来岁之入，而首相参议受成。强兵重武，将专阃外，易启贪功穷兵割据之渐，故制武官不得举入议院，兵非议允不行，饷非议准不发，亦不得非法横征。君主除岁俸之外，不能别取公财。量出为入，会计分明，官吏不得浮冒开消，无侵渔之弊。 欧洲议院会计制度

官禄：大僚自万五千磅至千五百磅而差，小吏至少以二百磅为断，任重职繁者俸多，任轻职简者俸少。惟伦敦地方长官一职，译以为府尹，主察伦敦地方官及各狱，事简俸少，而在官应用费多，恒取富商有望者为之，俾以私财补官用。初受职日，沿古制具议从，所费不赀，得者以为荣，一年而代。馀官若部长，多举于富商，由国俗同类，联为协会，各于其党转相援引。若刑名官，皆举于律士，西人虽人人知书，而凡有约剂，无人不延律士，律士因此易致富。其仕财给其在官之用，无因仕致富之事。若部属由部长自辟，则不富者多。有才望，例亦可举为部长，然升者实稀，率以积年劳加薪俸。每有终身于其职，易部长而不易者，故其志定，望积资劳，多能守公奉法。其部有长无贰，今译为侍郎者，乃其部总办，如中国部院之堂印主稿耳。其地方开河造桥，接铁路，续电线，修马路街衢，浚沟渠，安设自来水管，凡兴工之事，多由其地商民自鸠财举董，议院主其议，由其会自订章程，工部考 西方官制俸禄 无因仕致富之事 兴工之事议院主议商会主事

其章程利弊，报可而行。估其工程经费，为之限年而立税，则令商会自收其税，而分几成纳于国家，或年限满买归国家，或国家先出财买股票，与商合本同利。其远地则各处工艺官代工部官察估工，其归官办者，惟炮台船坞耳。平时讲求于工艺院，工程材料，皆有简稽，无从侵克。地方有司，任轻事少，不司公款出纳，故无中国各局干没州县陋规积弊。

律师制度

刑名官由律士出身，内自刑部大臣至刑曹诸司，外自巡按至季审官，不出此途，皆命于国家而进于学校。由学校考成为律师，或由官举为刑司、季审等官，或由民举为各邑审事官，皆必采听其人在学校资望，以为荐格，或竟由学校推举为国家律士。凡听讼审官，必有国家律士佐之，皆食如官，有俸。其资深有望，每数年推一人，君锡以爵，入上议院。其未得仕进者，为人书交易约剂，订公司协会章程，考验契券，为两造执讼，皆有入金。由律学会每数年一议定章，故律士精于业者，皆致富贵。听讼与执讼者，一出于学校，譬若一师所传，是非同异，不甚相远，有繁难争执疑而后决者，会同学院学会。关于刑部、修改律例，凡内治之权衡，悉取正于律士，实归重于学校。旧译以为讼师，一字之蒙，遂无从推考其国内之治法，失之远矣。

刑部之制分上下审事院

刑官之制，分上下审事院。上审事院，理国家官府议院之讼及讼狱之大者，有君主审事院、议院审事院、户部审事处、海部审事处、兵部审事处、户婚审事处，皆刑曹官为主。各曹官会谳，国家律士佐治之。下审院理民间讼狱及凡小事之讼，有季审处设于各邑之大镇。季审官由刑部大臣选授，理钱财命盗，每岁至少审断四次。国家律士二人或四人佐之，就地轮举十二公正人参断，小事专之，大事达于上。其下有月审处，一曰各邑审事署。大邑每邑一署，小邑附大邑。月审官由民举，理钱财户婚及捐振贫民，禁作践地域、阻塞道途，每七日一审，月审为主。季审官会谳，无律士佐治，不用十二公断人参断。其断罪至监禁两月，罚至金钱二十而止。大事录送季审，或巡审。上下审事院，职总于刑部大臣，而别设巡审官，主治内外讼狱，译为巡按或按察司，职专听断。上无所统，阶优于按察，权重视巡按，为律士仕宦之极地。其国家律士，封爵于上议院者，亦可出为巡审。英格伦及维而司析为八处，每处官二人，律士数人，周巡各邑，治其大讼，岁或再至或三至。旁设特命审事官二人，一鞠囚，一听讼。巡审未至，则此二人代理之。主听讼者，律士也；佐听讼者，律士也；代两造执讼者，亦律士也。又有公断人助之，参决与否，故情无不通，而案无遁饰，无沉冤之狱。及中国酷吏贪赃枉法，刑名幕友救官不救民锢习，惟律士唆讼舞文，积弊亦深，然事多败露，则其人在学校学会之望顿损，碍于宦达。故律士之能者每不为，其次者为之而无害国纪。

巡审官制

巡捕由内部主政，与刑官相经纬为联事。始为民举，今由官选。除议士、律士、教师、塾师、文职武弁、医士

巡捕制度

不选，其馀皆选。选而不愿充者，罚出财，如捐免。惟猎户沽贩及曾犯罪禁者，不在此例。分地段设巡捕官，分治官有四等：一总统，二统领，三副统领，四监巡。此下为巡捕兵，就地选平人充之。都乡村市，人数多寡不同。伦敦约四百人选一人，各邑约一千四百人选一人，市村约八百人选一人。伦敦岁费约九十万磅，各邑岁费约八十万磅，市村岁费约六十万磅。凡村邑人过五千以上，国助其经费四分之一，馀皆就地捐集。其部署用营制，职司如公役，而选于良民，皆有常俸。其选法则如古之起徒，《周礼》每徒十人则胥一人，什长以胥，犹之编伍，胥即监巡也。今地方官公役，拟于古为庶人在官，令之给走趋公，而视之平民不齿，宜其作弊殃民，无所不至。如能复徭役，用胥徒，部以兵制，岂徒清枉抑，省滥刑，禁斗殴杀伤，制椎埋，劫掠整齐以作强？且以周知民数，禁暴未然，即谓由此以致治可也。

巡捕皆戎装，更番而代。人带一哨，有急召邻铺巡捕相助，吹哨则闻声必至。凡奉符捕人，得毁门而入，拒捕格杀勿论，拒伤巡捕至死，无首从皆论抵。途人不助捕有罚。又有包探不著号衣，暗中伺察，以捕重犯。或隐其职事，佣工商肆，以侦逃亡隐匿。皆请于官，得请而行，故鲜不获之犯。各邑巡捕、审事官每日听讼，断罪至监禁两月，罚至金钱二十而止。大事则录词，达于季审巡审。

（便衣卧底）

英格伦旧本十馀部，各有酋长。索逊氏来自日耳曼，并为一国。其后乃兼并维而司，又后乃并艾尔兰、苏格兰

（英伦三島乡县制度）

岛。今英伦三岛，政合为一。（英伦三岛：英格伦、维而司、艾尔兰，或除维而司，以苏格兰当之，误也。）惟苏格兰制不甚同，视属地则为国中，视国中则如属地。英君亨雷第八时统一三岛，各部使武将镇治之。因其旧部分疆，每部名曰康退，所辖邑镇，名曰爬理司。议院定建县治，分并爬雷司，置为敌司退克。敌司退克地方官，如中国知县，由内部选授。此外地方官有五职：一曰振恤官，二曰保卫官，三曰学校官，四曰营造官，五曰税敛官。皆由民举。道光中，议院定建府治，择各部大邑，名之曰汤。计三岛，为汤二百，就地举首董数人，名曰汤康喜尔，译言或为府议绅。府地方官由府议绅举主一邑财用讼狱。任一年满，民悦而留任，再期而代。旧译为知府、府佐，所拟不伦。外国地方官不相统属，无督察之责、尊卑之等，不能以中国官等比附。有由国授，有由民举，更不能以进身较论。其实此官即各邑审事官，主治大邑讼狱者。伦敦为英都首邑，亦有地方官一人，译以为府尹。其实此官由下等有爵者举任，亦民举也。通率英国地方官，由国授者，每敌司退克一人计五十七人，由民举者，每汤一人，计二百人。此外振恤、保卫、学校、营造、税敛官，悉由民举，以社会为分治。宽乡一爬理司分为数社，狭乡数爬理司合为一社。每一社率有五官，由民举。其社分合不常，故官数难准，大约五倍于国设之官，但每社由国设一监察官，统于伦敦，属于内部。通率民主之官，六倍于国授，而权职相等，互相维制。无论民举国授，皆就

地方官皆由民举

官员进退皆由舆论

其地取人，进退皆由舆论，无盘踞把持与贪赃枉法、纵威殃民之事。不司赋税监工，故无横征浮派。食禄有定缺，无肥瘠而钻营奔竞，贿赂之风自止。中国今日地方官一切敝政，皆所绝无，故其国内有驩虞之效。由其治法，令民自举贤能，掌其地政，国惟设官以监察其不法，馀不与矣。合乎《周礼》“使民兴贤，入使长之；使民兴能，出使治之”之义。观于外域，而知王道之易易，乃悟汉制婚姻不相临，盖沿秦法之遗，非先王之旧也。

英监狱系统

英伦大狱四所，往观其一，为未定罪犯颂系处。巡捕逮捕人犯至，集于一所，各置一室，扃户，通言于牖。胥一人询其姓名、里居、年岁，书之于牍。引至浴所，令先

未定罪犯入狱程序

解衣，胥一人审其形状身材及身手刺花纹部位式样，楬之于牍，以验有无。再犯要囚，则照影留像，以防逃匿。勘竟，入就浴，留其衣襦，易以狱中所备衣襦，如常式。引入狱室，列居而居。室中床一，卧具被褥枕毕齐，橙一，

牢狱设置

沐盘一，水瓯一，方板一。炙诸墙以为案，置书三册，一耶稣经，一旧约诗歌，一异闻小说，令犯肄习修省。狱率引入，出键其户。食日三餐如常，食无楛恶，狱卒传送，

审判程序

狱官督之。依到狱先后，以次赴审。巡捕以槛车至，按名提犯。狱官率狱卒启键引出，至一所，为一行列，稽名无误，引出狱门空院，复令为一行列。立必齐，以次引登车。车仍漆缦，但无牖，中为十数格，每格一人，狭只容身，仍有坐板。审定罪，或释或坐监，定其期，分发各狱，则不归容系焉。小犯二三日定狱，迟无过七日；重狱

四十日定谳，迟无过两月。有医师一人，司治囚病，药物毕齐。囚有病，医验之实，移他室。数人同居，室较宽，有牖，如平常居。有按察巡狱坐厅一所，律师治事房数所。狱官如有苛待罪犯、克减饮食〔情〕节，狱囚得赴律师，书所欲告，达于按察，按察司临狱问之事实，狱官必咎。有探狱者，告于狱门卒，门卒白狱官，令狱卒引探狱者至一处，列屋两行，门相背，牖相向，如中国贡院号舍。两栊各不相通，探者自外入，系者自内出，记明某号，两人相对，从牖通话，来去皆有期刻。将引系者就探，先引至一所，凡若干人，某就某号，令为一行列，面壁点名记号，已乃就于探所。别有一院，常扃，为囚病死所。狱医察囚病不治，白狱官，移别狱医及他医参视之，决不治，乃移入院旁。设礼拜堂，与狱通门，男女教士二三人，主宣讲。正楹南向为供神堂，左右二楹，间以板壁，为探狱及非坐狱人听讲处，男左女右。其庭仍覆屋，如中国戏园，所谓池，为坐狱男女礼忏处，为跪坐位，如常礼拜堂式。中间以板，男在左，女在右，则常礼拜堂所无。堂南北对向有楼，司狱巡捕之属听讲者就北楼，狱官律师之属、听讲者就南楼。早晚日再举，坐狱者非病必至。教师为宣讲，令改过自新。中国之政敝，莫狱为甚。文告既繁，相遁以伪，大讼至系千，累数年不决，小讼则一听官吏，以意为轻重，听断无时。不肖之吏，恃刑求狱，动加桎梏。捕役狱卒，皆借敲剥为生，相倚为奸，而狱官不诘。民未定罪，先受非法刑求。及入狱门，又有狱

监狱探视程序

监狱设立礼拜堂

中国监狱之弊端

卒之私刑拷掠。观于外域之狱政，益恍然其中国迁流之失，大远于先王明刑弼教之心。夫制刑之意，所以禁暴止奸，所以弼教安民。今誉洋者，不知论本，但誉其美，不问其何以能禁暴止奸；自蔽者不知政本，但护言我中国固如是，且疑不如是，不能禁暴止奸，誉洋者不能难，亦以为中国自古如是。盲与盲辨，黑白终不能明，则置而不论，于政弊无救，而徒令慕洋者疑孔子之教。先王之政，固如我中国今之所行，惜于未奉教于洋。此意兴而国本危，名教将为天下裂，不可不察。故言反古乃可救时，非好高谈，实不得已。五刑本兴自苗民，尧舜因而用之，而举皋陶作士，著严法，用宽意，易贼刑为画刑，书曰“象以典刑”，又曰“方，施象刑惟明”，又曰“明于五刑”，以弼五教，象画也。明者，表明之意，故《周礼》云“三罚而士加明刑”，《大传》云“尧舜画刑而民不犯”，荀子书有画刑之等制。其真加肉刑者，谓之贼刑。据《周礼》推律当在四犯以后，《尧典》所谓怙终贼刑，桎梏之属。古之暴君所作，殷末尤行之。故《康诰》深以为戒。穆王命吕侯作训刑，竟除肉刑，而用罚锾，其法至善。秦任严刑，暂能禁奸收效，遂著为律。而汉因之。文帝除肉刑，用鞭箠。是时经术未兴，武帝始崇经术而好严方，任酷吏，经生不敢正驳律令，依违其词。经术以讹传讹，沿袭至二千年之久。其实六经，垂先王之政，轻典有画刑，有罚赎，怙终之；重典有贼刑决杀，而无所谓桁杨桎梏之刑也。要知先有教，然后不率教者有刑，即知明

制刑之意禁暴止奸弼教安民

反古救时实不得已

刑，乃所以弼教，自无疑于法轻，不能禁奸，法外之弊，在所必除，又无论矣。假若先王之治狱明法，如我中国今之弊政，其去弼教不太远乎？中国之教，本在人伦。尧亲九族，辨百姓（百姓百官，因土锡姓。平章，古文为辨章），爰命司徒，敬敷五教，乃命皋陶作士，明于五刑，以弼五教。故中国之律，虽百变而不离宗，以伦常为大例；外国之教，本在不夺人之权利，亦屡改而不易。其初以权利为大例，其教则陋于中夏，而其以刑弼教之用，则深合于先王。除苛解娆，不以禁暴安人者害人，固当取鉴以自悟中国今日之非。其就狱设礼拜堂，令狱囚诵译耶稣诗经歌日行礼忏，教师为之宣讲，令其悔罪迁善，又实行弼教新民之政。奈何中国弃先王之典，踵暴泰之弊习，焉不察乎？

先教后刑明刑弼教

西人以刑弼教深合先王之意

狱官言，有童幼坐狱所，凡十二岁以下，有过犯，如盗人小物、詈人、以石桀人等事，有告者，仍由巡捕携以来狱。狱有狱官小学师分而教之，令其知悔，不敢再犯。不率教，有责掌之刑，由一礼拜以至四礼拜，察率教而舍。仍有礼拜堂日，一礼拜，教师为之宣讲。又已定罪坐狱所，由容系所赴审定谳，视罚若干先令、躬坐若干时分，遣以往。罪同一科者，居集一处。狱官外有匠师，教笃工作，先缴罚款者免工作，仍坐狱。工料器具，狱中备齐。三分成器贾价，一分入官，二分归已，以当罚锾之数。其馀科条与容系狱同刑罚：一死罪，二罚金，三坐监。非杀人无死罪，谋反渎伦，皆从轻律，罪止坐监，由

少年犯

罪止坐监由无名教故也

无名教故也。罚金与坐监，各有若干条，自为差等。罚金自□□先令以至□□，坐监自五日以至终身。其监亦数等，皆役以工作，得《周礼》役诸司空之意。狱期短者工作轻，狱期长者工作重。由伦敦以次而远。其终身之狱，在□□岛中，工作甚苦，狱舍楛暗，饮食惟给凉水面包。英人皆云：宁遭死刑，不愿坐终身狱也。

讼狱公断人就地选充

讼狱公断人，就其地居人选充。如巡捕之例有三等：曰大事公断人，为季审，听断囚犯；曰上等公断人，为季审，听断钱财；曰平民公断人，为季审，听断小事。两造或与公断人素有仇隙，或公断人素行有不善，必有佐证，始许易之，易至三十五人而止。有公断人以防狱官之枉滥，有两造请易之例，以防公断人之偏袒，有佐证之条，易至三十五人而止之。限以制，两造之狡展，敝无不除，情无不通矣。《周礼》"听讼必询万民"，细制不详，其端可见。孰有以平民之求理枉直，而听有司敲剥者乎？

欧洲人皆重利，以此劝能，其富强之得力在此，而悖理灭性，不免夷狄亦在此。其律最重钱财，沿于罗马，其后议院律师，续有增改。外国流传，转相仿效。今律至繁。

遗产

一曰产业，田宅为实产，财物为浮产，身死传属何人，以其人遗属为定。为皮券，延中证，为之书押，或报官立案。如无遗属，实产则传子，无子传女，无女则返诸其父，或祖，或伯叔，传子则以长幼分等差，传女则均分。浮产则以三分之一传妻，三之二传子女。无妻则皆传子女。无子女则传其半于妻，分其半于父。若祖或伯叔兄弟，诸母姑姊妹，人死选其亲族一人为之经理。先其丧葬之费，债逋之用，馀则遵遗属以授人。无遗属则遵定例以行。其愿施为公举，或入教堂者，必生前一年立据，必有中证二人报官立案。惟国学及白立地斯大博物院、格林尼址大医院不在此例。二曰券约，凡租地、租屋、租物、购货运货、合股保险，皆立约契，依约而行。合股贸易以股票为据，合股至七人以上，请国核准，乃允纠股，谓之公司。保险者，凡公司任保何险，民平日纳财于公司，如遇险，公司偿以若干倍。律有定价，以款相比，无失其差。三曰婚姻，男女皆不过二十一岁，自主婚嫁，不告父母者不禁。如未及年而不告父母者，父母不给财产。夫妻反目至控，官必断离。男死其家产归于妻三之一。女死生有子女，则其产业归于夫。女未嫁已嫁而死，私财皆听立遗属给人。父子夫妇之间，直以财相往来，兄弟则无涉矣，无所谓纲常亲爱。此谓去义怀利以相接，由其教平等根之，而其律率之。故尚诈力，轻仁义，贪险成风。人怀鄙薄之心，而貌为势利之交，其举国皆如今官场之交际。乃悟圣道之立纲常名教，使人返本思诚，其道为万不可易。奈何中国之学衰不能以明政，政敝不能以卫教。愚者直不知其敝，智者乃震于功利，以洋为师。不知学洋必重利，重利必尚诈力，尚诈力必轻仁义，轻仁义必废君臣父子之伦。有目前救国危之近效，而隐种世道之深忧，故非明经术者，不足以言治天下也。

契约

婚姻

西法之弊

　　外洋邮政为岁入一大宗，不特远电四达，即近都市数

西洋邮政

里，十数里，随处皆置分电局，交络环通，与火车路相辅。其往还信札，皆于沿街巷口，置鉐筒如短柱，信由隙投入，钥启而出。总局一所，分局若干所，量道里远近，人户众寡，为分置局，用若干人司钥。晨十点钟一启钥，晚十点钟一启钥。晨十点钟前投入者，是日达所届。晚十点钟前投入者，次晨达所届。有信票以代信资，票出于官，资入于官。其票方半寸，印王面其上，信局入资于官。算若干票，入若干磅，人自购票于信局。凡两本士半购票一签。权信之轻重，信重二两以内帖一签，二两以上加一签，以至数签，此即王面税之一也。局工启钥，有签者寄，无签者置。寄由火车，迟期有罚，遗失有罚。每家门扇皆附著一鉐筒，门外从隙投入。隙有铁叶，响震满屋，门内开筒，信乃得出。省专丁送信之旷时，接信给资之纷扰，而收信资为税款，不劳而集。其远信须保险者，乃入局亲投挂号，仍衡轻重，算资加签，便由轮船、火车径达矣。

邮筒分布

邮票

挂号信

户税

凡都会及有市之乡，皆有户税，以户税多寡，算税轻重。其税入即用为其地修街衢阴沟、自来水、路灯、扫除、巡捕之费，由其地公举督工董事司其出入。量地面户口之多寡，以定经费；量经费之出，以为岁税之入；量岁税之入，为贫富轻重纳税之差。财无遗用，帑不入官，故税甚重，而人乐从，税务官惟每岁一稽其登下数目而已。远乡贫民所居，无自来水、路灯，亦修街衢，取税轻，仍归本乡举督工董事，故民不扰而地政治。此即古徭役之

税虽重人乐从

意，而参用过更之法。民财民用，而一切干没中饱之弊胥除。按屋租定税，而诡移飞漏之弊亦免矣。

外国税目甚多，取民亦重。有明税，有暗税。明税由官直取于民，如中国之征；暗税由商敛于民，纳课于国，犹中国之课。明税有三：一为入项税，又名进益税，视其人岁入之数，从四十分取一至二百四十分取一。二为房税地税，取于业主，分地段之繁寂，以为税则多寡，田以丈量，宅以室数。三为奢侈税，如门设暖阁，车画王冠，仆饰白发，皆英旧时贵人居处之仪，相承以为美观，富人多用之，平等教行，国不能禁，乃定为取税，其数时有增减，无定式。暗税有三：一为海关，出口不税，凡进口货每一宗，归一公司包纳税，岁若干，国为保利权，禁私鬻，听取于沽贩，而纳课于公家；二为内地，凡市业牧地，果园麦田有公司者，悉如充商之例，国保其利权，而公司取于民，以纳课于国；三为帖税，制方帖印其王面，凡信函、契约、价单、借券一切字据，皆签帖为信，由邮政局入资于公家，领若干帖转售于民，违者民得相讦告，察实重罚。其零奇小业不成一宗者，就其地议绅自立税法，归入杂项。此外税入，以邮政、电报为大宗，又有国家地产，或属君之私财，或归国之公用。税敛繁重，与薄敛之义相反。顾能整齐而治者，由所取用于民事，君无所私，官无所蠹，议于议院，揭于报馆，上无所专蔽，下无所蒙遁。如一家醵财，一市纠股，何有扞格无穷之弊？其役沽贩，以埤兼并之商，治陋而无本，顾民不怨毒者，才

西方税种

明税三

暗税三

取用于民民不怨毒

智者尽瘁于商，蚩蚩之民，不觉其夺利也。中国取民甚轻，而民反逃税怨咨者，由取在于此，用在于彼；取之一时，用又一时。诚归公用，而民不能知，无从过问，则各私其财，而不肯亲上急公。且官之陋规，浮收干没，数倍于正征，民久知之，故相率为诡漏，以相欺遁。负乘致寇，由来渐矣。

外国计税裒多益寡

外国算税，以通国人数为衡，裒多益寡。计一人岁出税若干，虽不取丁钱，而实同平实。居民坐贾，有地税、房税、市税、自来水火税、路灯税、街道粪除税。法国税尤重，算及门窗。英伦人烟辐辏，食物来自四乡，自然踊贵，足与百货相抵。法都人少于伦敦，而地产较饶，因加重牛羊鱼麦之税，以相抵制。计英国岁入八千万磅，岁出七千五百万磅；法国岁入一万万一千磅，岁出一万万五千磅。通率每人岁出税四磅，如以中国四百兆人为衡，当入税十六万万磅。财不可胜用，诚能开矿铸币，用财兴工，财仍散于民间，无聚敛之虑，而工政自举，乃厘定税法，取于出货之地，与鬻货之乡，算明程本运费，及两处物价高下之差，酌为取税轻重，取之得其平，则国富而民不病。

外国富强在工，辅之以商，而提纲在钱币。钱币无实用，本为通工易事，交易有无，作据与质剂无殊，但钱币之数少，一时并兴大工，则周转不及，通商远国，则接济有穷，故必广钱币以资周转。顾银重值低，不利行远，金质昂，运转省费，与别国通商，大宗货用金磅交易，则财

金银钱币益处多多

力厚，足以垄断而不受制于人。用金以抑银价，则实出金币数少，而易入银币数多。凡贸易皆聚零成堆，物值不及磅金者，必以银钱交易，则用金币者，出币少而入货多。今欧洲各国皆用金钱，彼此相制。惟中国土产饶而无金币，兼用生银，食物土货率用铜钱交易。银价既为所抑，土货更不值几何。洋人来中国持金磅以兑银，化少数为多数，更以银合铜钱买土货，则本轻而利厚。以土货载还伦敦，或南洋各埠加制造，还鬻于中国，易银数十倍，悉寄于洋银行。银行以一纸汇票，合金磅寄还欧洲，而用各商所寄顿之银，买生金运回本国，以资铸币。彼国币愈多，财力愈厚。我国金日少，金价日昂，银价日贱，铜钱交易之利益微。是役操本业出土产之良民，以益食洋业，逐末利之商，复聚中国之商财，以助洋人之兼并。直举国之民，为洋服役耳。

铜钱交易获利甚微

英金磅一枚重中权二钱二分，换银钱名一先令者二十枚，一先令重一钱五分，以金易银，较重不足十五换。一先令换铜钱，名一本士者十二枚，一本士重二钱六分，以银易铜钱，重不足二十一换。德磅与英磅轻重相若，一磅换二十马克。俄金银卢布制亦同，一金卢布易二十银卢布，轻重价值相若。法磅轻于英，亦一磅换银钱名一佛郎者二十枚，一佛郎换铜钱名一生丁者十枚，铜钱不出境。以英磅易法磅，四枚当五枚，轻重即如之。以英磅易佛郎，一枚易二十五先令，佛郎轻重之差适如之。是通率各国金银价之差，不过十五换；银铜价之相差不过二十一

西方钱币换算之值

换。今与中国交易，一磅一钱二分换银七两，至三十馀换。彼国以金自易本国铜钱一钱二分，金才得二百四十铜钱，计铜五十七两有奇。以易中国铜钱则得万钱，计铜则千两。有赢无绌，相去悬绝。就通商口岸交易为衡，则彼以三两银易七两之货。就内地土货交易融算，则彼以二百四十钱易万钱之货，中国不贫困而焉往？同治初，金价才十换有奇。雍乾前，银一两换铜钱七百。其时地产民力丰饶，物价贱于今近十倍，无大宗海防各局之消耗，故钱币亦形充牣。今生齿日增，游惰日众，所出地产，不加益于昔时，故物价日昂。商贾土货辏集于通商口岸，虽增铸银元，仅能行至通商口岸，资洋业之贸转，不流布于内地，故钱价日贱。洋货与中国交易，虽以磅合银，顾其磅金成色不足，不行于中国。中国出口货交替于境，所入金磅惟一纸空券，而洋银行所取，仍属中国市面所有之银，欧洲金磅行至洋银行而止。岁出无限之货，实未得易彼一钱，徒敛内地之银，屯聚商岸，资其善贾，转辗取赢，而归根买金以去，故金价日昂，而银为所抑。今开矿而不铸金钱，不能禁金出外洋，即不能平本地金价。彼则就中国生金换银之价，为与中国交易。用银换磅之价，以别国相比，实以十五换金售我三十换，一两银化为二两一钱，易我五十钱。一交易间，坐收数倍利。其垄断持市，罔利无穷，犹在次矣。如铸金钱与之等重，民采者皆纳于官铸，漏卮既塞，金价自平。以磅易磅，彼无从取赢；以磅易银，彼不能厄价。经工商则不借洋款，办海防则可省暗

金币铜钱相去悬绝

中国当铸金币之由

耗。金币充牣，则我得奔走洋人，收其利器，不必崇尚工商，以汩化风，而富强之术已得矣。

美国银元，较中国所行墨西哥洋圆差重无几，而与中国交易以一圆当中国两圆，亦由伦敦磅价，按中国金价以定中国银价，据为平准。实则括中国之金使之昂，抑中国之银以为利耳。今但铸银钱，弃金不收，举国钱币归权于洋银行，听命于外国，仍无所济。至增铸铜钱，尤与时势背驰。是犹人持珠玉，而我多作饼饵鬻钱。冀其富与相抵，不太傎乎？中国不铸金币，又无银行，通用铜钱，三者皆授人以柄。外国铸币，邮政、银行相经纬，故能长驾远御，英国属地尤广，故隐操地球利权。商之所至，邮政所达，即银行所在，商贸易于所往。但在本国银行寄存一款，银行以一纸寄所往地方分行，其分行就其地商业寄顿之财，转辗挹注，商至则就其地之土货以计奇赢，就其地之银行以资程本，不必持本国一钱以去。其所获赢算，诚交银行券汇实银，不运还欧洲，似乎其地之材仍未取去，但其利权在握，故所至皆坐享，而土人为服役。埃及、印度、阿州、澳洲、南洋各岛，即中国前车之鉴。有金币之国，则日富而制人；无金币之国，则日贫而受制。

增铸铜钱与时背驰

铸金钱为制外第一要义。铸金钱与设银行相辅而行，规制既定，然后改铸铜钱，令与外域轻重相比，铜钱较银不甚贱，则土货皆得易银，成器皆得易金。三品之币自流通于国中，操本业者利不微，则不必为末商奴役，而自足以资生矣。

铸金钱为制外第一要义

英国不产金，其铸币生金，皆取于澳大利亚及中国。俄国产金，其法听民集股自采，延矿师勘估，某地约能出若干金，认输若干课，以达于官，由国家矿师勘估，平议定输若干课，率十而取一。及出金赢于估价之数，若干两以上，仍增输十一之税。定例：生金不鬻于市。凡矿出金，皆纳官铸。若铸钱，若备制器物，自八成至二十四成，皆有分数等参。以铸钱为正宗，其馀以铸钱之出入相比为平准。凡入金铸钱，视权轻重，入以一两者，铸成金钱，还以一两。其中取二成有奇为鼓铸程费。公家通矿税核计已取入三成有奇，而民不怨重征者，铸钱以归采金之家，一两仍作一两之用，暗取而不亏民，以故盗卖者甚稀。鬻于别国，无所利也。惟中国金昂，近东三省俄民，或盗鬻于中国。俄地大，金磅不给，故国中行用金，卢布率用票，以票实易金，卢布则短其数，著为令式。此其实币不敷国用较然也。英磅饶，故通行于各国，然在英换银至五磅以上，率用票行。议院定议，国家银行八成实本，二成虚票。其实虚票不止此数，但银行悉属公司，无分国办商办。国办者有商家股分，商办者有君主股分，联为一气，故亏折无从。有银行，而商业之在异地者可稽，民业之在本处者无遁，官之枉法行贿，其迹难掩，市价之欺蒙干没，一扫而清。利国即以利民，兴利即以除弊，且于民无损，而举国之财，通率矿课、铸费、钞票三者，已坐收其半，汇兑之入尚不在其中。孰有以大国而患贫者乎？特患治源不清，官司侵蚀，损下益上，流弊无穷耳。

俄国产金听民自采

暗取而不亏民

银行之益

欧商亲至中国，华商不至欧洲。纵使入口税彼此相当，而各国入口税为实数，中国入口税为虚数。华商在本国之出口货，即彼国之入口货。近者在上海交易，远者贩至新加坡而止，由欧商自行运往本国。其纳本国入口税，皆本国之金磅，国得其实用。中国入口税亦纳金磅，而中国不行用金钱，惟以纸票相易。通计海关税银三千万两，其目总于总税务司，其金总于汇丰银行，其出归于海防，与出使经费，虽岁有馀银四五百万，而卒归无有，中国不得而问焉。由海关所纳之银皆金磅，以金之成色较易则亏洋，以磅价较易则亏华，故设调停，尽以此项供海防出使开支，期尽而后已。以今之势，假如我国别用华人以总税司，所收金磅当折耗无穷，故不铸金磅，直无理财之术。海关所进虽未兴洋务以前所无，然自兴津关以来，内地税无不支绌，国徒见洋关之日益，而不核各税之日消。犹是民财，而别立名目，岂有以此国之君，而仰他国之利者乎？

中外关税不利中国

英国公家岁入款，多中国五倍有奇，此光绪元年至二十年之数。今则岁入款积增十分之五，实较中国岁入款多七倍有奇，而逐年磅价浸涨至倍。以金与银出入乘除，则英国帑多中国十五倍。实款既多，虚数又倍，以轻御重，利权操之于彼，此贫富不敌之故。英法国用，常以五分之一为军用，五分之一为官俸；中国军用不及十分之一，官俸不及五十分之一，所以兵力甚薄，事务废弛，而侵渔群起。此强弱不敌之故。惟采金制币，则富可立致，更定官

贫富不敌之故

强弱不敌之故

俸，剔除侵渔积弊，则诸务可整顿。提出岁用国帑五分之一以为军实，则强可立致也。

西国之富以工为本

西国之富，以工为本。工之料必取于地产，而本国之土狭，生之数不敌其成之数，不能不取材异地。工之成器，必求消路，而本国之人少，用之数不敌其成之数，不能不转鬻四方，必辅以商，始能行其术。然工商之事，非多金银亦不能鼓动而奔走之。西土金矿少，故尤必规占产金之地，加意钱币之法以握鼓动工业奔走商人之权。其地或远不相及，故必以轮船铁路联其脉络。工商远适，其势甚孤，易为人所遏制，故商之所至，随之以兵。商之与兵，合为一事，公司轮船即兵船，船主即兵官，水手即兵卒，无事则行海载货，一如商船，藉熟海道，以为操练。以兵力护商，以商财养兵，即富即强，如影之响。中国地广人稠，产饶矿旺，但行开矿制币劝工之政，即以自保其地产不为外来所侵夺，自产自作，自作自消，财不可胜用。但于腹地险阻，难通商货之路，偏僻人烟稀少之乡，修路浚河，以通内地，商旅足以自相流通而不穷，不必效其争口岸，广铁路，经远商，行船政，而已足制胜矣。

商之所至随之以兵

中国优势

铁路之利，凡十有三，而其弊亦有三端。商贾运货，往来便速，可省程本，所省运费，即以附益置货程本，增货愈多，商务愈盛，利一。往还迅速，省行路旷时，商可兼理数市，士可兼课数塾，贩可日赴远厘，便其生计，工可家食厂作，室家相依，佣可转移执事，各业流通，钱币自无偏壅，利二。有分地无分产，源源转注，日行为常，

铁路之利凡十有三

水旱偏灾，无须荒策，利三。百里之内，瞬息而至，水火之警，易资救护，利四。数里为车栈，每栈设巡捕，沿路罗列路灯，行旅无抢劫之患，利五。军旅征调，转饷千里之遥，朝发夕至，不虑兵单饷绝，利六。平时公私信函，利于速达，声息灵通，事机无误，利七。林园别墅会场，距市每远，有火车便于往返，人喜出游，流通钱币，以资铁路生息，利八。城市人烟稠密，樵牧农圃，俱在远乡，利于运给，英伦三岛，牧畜不足自供，兼取于阿非利加属地，非速不济，利九。工作盛兴，成器充牣，利在远售，各国铁路，毗壤相接，便于行商，利十。风气正开，才智相角，引长较胜，事资周历，便于游学，利十一。教会分布，声气相联，便于传教，利十二。异国之人，共联社会，其人藉以广声气，公家即藉以合邦交，便于往来，利十三。其前七利，中外所同，其后六利，外洋所独。然所昌之利，须在四路告成，八达通轨以后。偏为一处，利只一隅，而费已不赀，既非交衢，必少行旅，孳息不敷，经费久而必废，欲全昌其利，必招商股。又听民间集股，自设公司，非富有力者不能为。铁路成而利厚，商业日盛，兼并之家日多。欧洲连畛数十国，互相灌注，各欲专力称雄，相持不下，不得不重商，以为工作之消路，而国政之权，遂渐移于商，其所视为机上肉而共愿烹分者，惟阿非利加与中国及中国诸藩属。中国地大物博，原不必争地利于他州，惟须保有地产，劝兴工作，以塞漏卮，而令内地自通有无，其富已裕。我之一省如彼之一国或数国，彼之

铁路之弊有三

各国互相攫取，我之各省自为盈虚。虽铁路兴而马车不减，担负歇而仆御须人。本不夺民，且改轻业，而富人之坐昌日增，贫人之艰食如故。徒益末商，有防治本，其弊一。设有兵事，我固利于征兵转饷，彼亦利于因利乘便，假于隘口失防，夺路长驱，向时相隔十程，今则一朝而至，即或轨道异式，仍虑依式造车，出我不意，其弊二。西人喜动，中国喜静，西人以行为常，中国以居为常，西人男女一律，中国女不出门，火车来往，妇女罕行，岁入生息，已减其半，经费既绌，事渐费弛，如倍取其资，益令裹足，其弊三。顾此三端之弊，尚有补救之方。絜短较长，仍属利多害少。惟此事须在钱币既改，货币有馀以后，又必先修平途，治传舍，稽行旅之数，以权程本孳息之差。若庐舍、道途、钱币三者未改弦更张，而先修铁路，则其利未收效，而弊且在三端之外矣。

三弊各有补救之方

兵制，英用召募，其额无常，由议院以今岁议定来岁之额。揆时势，酌饷项，量为增减，率以十二万上下为差。三岛陆师分十军，军八十营。营有正副管带，视中国参游。军有统领，视中国提镇。此外有襄办文员参赞官，略如中国营务处。皆实缺，由武备学院考进，兵部大臣荐举。统领之属有武弁文案，由统领辟除。其各营管带亦可由统领自辟，但须取于武备学院。关于兵部，每军别有艺士一人或三人，主测绘地图，缮修炮台、营垒、汽机、枪炮，赞画军务，如古之军师参谋。皆选于学院。水师之制，以船数定兵额。议院制其经费，每岁有增率。大钢甲

英国兵制

水师之制

船一艘，配钢甲快船、炮船数艘、雷艇数艘为一军。军有水师提督统领，必水师学堂出身，由海部举授。其属有参议官文案武弁，由水师提督辟除，选于水师学堂，关于海部。船有管带，若参将至千总，由水师学堂考成课最，而海部按次拔补。岁阅及出师，则合数快船联为一队，队有统带。因船大小、炮位多寡分配兵额，别具水师章程。武弁以上皆出于水师学堂，炮手兵丁则募民补额，入营教习。陆师率十营置总副教习，每营置分教习；水师率队置总副教习，船置分教习。教习由兵部、海部选于学院。募兵必年二十以上，选以四格：一身材，二目力，三气力，四超距（此俄国之制，英法皆仿而行之）。及格者补额，就营教习，训练半年为一课，训练期满校阅，不能者汰除。年过五十出伍，计当兵二十年者，食半饷以终身，十五年者食饷三分之一以终身。议院以经费赢绌时，议其增减。大要以此为准。 募兵四格

额兵之外有备兵。一乡勇，如《周礼》起徒。二民马队，由有房产人岁出税□磅以上者应充，如《周礼》都家之军。三义兵，由富商捐饷自募，平时保护商埠，有事仍备征调。四羡卒，则备补额兵之缺，略如《周礼》羡卒与游阙矣。《周礼》：起徒于六乡为正卒，起徒于六遂为羡卒，公邑以邱甸起军为游阙，都邑家邑亦以邱甸起军，为都家之军。正卒由羡卒以补，羡卒由游阙以补。有事，则都家之司马率都家之军，以属于国司马。举国皆兵，正羡有等，联络一气，兵制之精，莫善于此。英国备 备兵制 周礼兵制

兵之制，略得其意。德法，壮丁二十一岁悉隶兵籍，区为四等。朝暮操练者为额兵，五年期满，退为馀勇；岁入营操练一月，四年期满，退为团兵；家居习武，按时操练，五年期满，退为备兵；在家备征，五年期满，始出军籍。计人隶兵籍二十年，实当兵五年。故人尽为兵，而不废他业。额兵馀勇，皆起徒正，如《周礼》正卒、羡卒之制，惟经制四时讲武，与朝暮操练为异耳。世徒震外国之富强，而不求其所由致。孰知其得力明效，不能出经术范围。经术不明，学者又不知圣人制作，其用安用？在太平治象，其状若何？功利之徒更倾倒张皇，望影而躁。以四万万之众而受制于四裔，可伤已。郡县辽远，将吏浮寄，户口不能清，徒役不得复，游惰无由治，召募则游惰就食于军，以战则弃之于敌，遣散则复归于野，贫弱倾危，转相流注，外有强敌，而内有乱军乱民，表里之毒，一时交溃，不可为矣。如能推广《周官·王畿》之制于天下，以京畿及各行省为乡遂，以各州县为公邑，分建亲藩功臣于边镇为都限，乡绅富民有产业十万金以上为家乡遂，用起徒而参以英、德、法额兵之制，令各省统所属州县，稽民丁壮，选其入格者为正额兵；正兵额满，其馀为羡额兵。正额朝夕操练，五年期满，退为羡额，岁入营操练，五年期满，退为备兵，在家备征，又五年期满，始出军籍。在家备征者，食羡额之半饷，以次更代。公邑则仿邱甸出车之制，渐复徭役过更，计一县若干丁口，人出兵赋若干钱，通率能给若干兵饷并器械药弹，量入而定其额，

德国兵制

中国之弊

推周制参西法建兵制

为州县备兵，都则令自出饷为团练，以所食封广狭，为额多寡，家则令按产捐钱，举办保甲，财产多者自为一甲，寡者数家为联，一整顿而通国皆兵。有其自强之效，无其困于养兵之患。

德国兵皆知地舆，识书算；英国兵不能尽然，则英之学校不如德也。民皆入小学，英与德同。德惟人尽为兵，故学校之法，二十以前皆加意舆地书算，英则十七毕小学，秀者入经馆。不愿充兵，椎者略涉小学，不能通，改执他业。二十一后应募为兵，就营教习，则以步伐演放为主。虽间及舆地书算，而椎者或扞格难入矣。凡洋兵步伍，无不整齐，故不易撼。其基立于小学时，童子入塾就坐出坐，师诏以作则皆作，离案侧立，诏以坐，则疾引身缩足就坐直体，如是者三。十二以上，入馆出馆，皆令为一行列，习以步伍，进退曲跃，左右背刺超距，如是者日再。及其为兵，步伐超距，皆驾轻就熟。此亦兵强之所由。今中国募游惰以充伍，无律之师，统以不学之将，以不教之民战，是谓弃之，殃民者不容于尧舜之世。仿设武备学堂十馀年，既非学为将，又非教为兵，不求其实，惟效其名，非徒无益，而又害之也。

西方兵员素质养成

外国官制，各司其事，各有其权，无尊卑管辖分际，但以位之轻重，限其权之大小。惟各部长于所属部司，军将于所管营职，事必禀承，势相统辖，略如中国之制。此属皆由其长自辟，故夤缘奔趋，谄迎倾轧之风亦甚。特其教尚平等，治尚简易，其于晋接应对，关白议事，亦自进

外国官制各司其事

退裕如，无跼促束缚隔阂之弊。今中国仪文既繁，尊卑之分太悬绝，上习以骄蹇，下承以诡随，晋见时稀，体卑志慑，知不敢言，言不敢尽。长属之情不通，军民无论矣。夫体有卑尊，以定名分，分定然后位定，位定而礼从之。礼之大本，立国之大经，大贤受大位，次贤受次位，故贤者在位，能者在职，以次而辨等威，故曰“尊贤之等，礼所生也”，又曰“贵贵尊贤，其义一也”。今进人既不以其贤，敬上又不以其贵，惟视其权足以相辖制，势足以为祸福者，始趋奉惟谨，貌袭名教之礼文，已失贵贵之本义。且礼教爵位尊卑之等，不过比于家人长幼之序，原非亢坠悬绝，如今属吏之于长官。所谓失礼之中，又失礼焉。而万事因壅隔而堕坏，毕由于此，反不如彼国简易，通情而事治。周监二代，尚文贵爵；孔子从周，而春秋乃变周之文，从殷之质，有易爵五等为三等，去世卿退大夫之臣诸大义者。缘周衰文敝，故春秋经世通三统，兼文质以酌中，为万世制作。惜经术不明，礼失其本，迂流逾远，监于外域，反而求之经术，庶有瘳乎！

中国仪文既繁尊卑之分悬绝

彼国简易通情事治

采风记第二

学 校

英国英格伦，及维而司，分五十二部，名曰康退，或曰射尔。其下所属邑镇，名曰爬雷司。凡一万一千九十九爬雷司，皆有学堂。大爬雷司学堂，多者七八所，小爬雷司，至少必有一二所。除富家世爵，自建学堂不计，凡官学教平民，自五岁至十七岁入小学，每一小学分为五等，每等各一师，分屋而教。初入教，以学字音，书字母，习歌声，记数目。教者立，学者坐，木几木橙，皆附箸于地，前后次比。教者讽廿六字母，幼子同声和诵，音必齐，教歌如之。粉书字母于版，幼子摹写如式，分教习课之。业娴进一等，学拼字法，辨音律、八韵（如中国乐律工尺），是为孺馆。课三岁皆通。年十岁外进一等，肄 英国学制 教学情形

小学次第 书习笔算，审地图，知五州各国山川方域大略，识地球、日月各行星轨道。是为蒙馆。总教习考察皆通，年十四五，进一等，学罗马希腊文，各国今文史记，练习函荆，绘地图，作论，其尤颖者，间及算格诸学，是为经馆。五等皆小学次第，或并于一院，一总教习笃之。视学舍生徒多寡，定分教习人数。下舍课娴，转入上舍，或孺馆蒙馆经馆，各为一院，或附孺馆于蒙馆。十岁以下，教习皆女师。院有广庭，后园为之秋千蹴鞠，午干弹棋。每日课竟，教习率而以戏。十岁以外，每日入学出学，皆按步伍，课竟教以拳技，坐作进退。凡蒙馆别舍，聚竹头木箭，旧废铜铁器皿，斧斤刀错毕齐，有工师为之指授。令生徒能以废财改制成器者，材出于公，器归于己。闾阎子弟，志为工商者，入蒙馆而毕，志为士者，始入经馆。法国语称康缪恩学堂。女学十岁以内，与男同，十岁以外，以吹弹歌曲绘画为主。

为士者由小学而入大学，总者为太学，分者为书院，课程相等，分学而治。大学之分，名为院，为道学院，法学院，医学院，艺学院。书院之分，名为馆，有营造馆，治矿馆，机器馆，精艺馆。或并附于书院，画舍而居，或别为一所，与经管并立。初时一国一太学，后推广有数太学，又推广一部有一太学。一国之太学，统一国之书院，一部之太学，统一部之书院。或书院数所，至一二十所，聚于一处，而统于一太学。生徒年二十，经馆课业皆通，拔入书院。太学旧式，入大学者，率以经馆为阶，重古

大学学院之分类

学，近日增实学馆，重格算等学。皆有成效，一体拔入太学书院。课程以四年为期，一罗马希腊古文本国今文，英法德文字；二列国史乘舆地图说；三测算天文地理论地中层次体质为矿务博古之用；四格物化质，兼及物性种植；五性理公法富国策此条专为太学课程。书院与太学相经纬，故学于书院，业娴者亦先治此，为太学之基。书院课程，期满由太学考试入选，给以文凭。如诸生入太学，深造其课。各国古今文字、史乘舆图、测算天文、地理格物化质，如书院之故，此外分道法医，为四大科。习四科者，恒以书院所素学者为本，学成课最，奖给文凭，如举贡。道科者为道师即牧师。亦有不从大学出身者，则由教会以劳贤推升，不在此途。法科者为律师即律士亦译为讼师状师。医科者为医师，艺科者为制造师此科亦多不由太学者。出于太学，各归其社会。同社互相切磋，至学业大成，名望卓著，复与文凭，进秩如进士洋语称铎德，译之可为师也。道科者为道师，医科者为医师，或终其身，法科者多由此以仕。法学分四项：曰刑名，曰通商，曰纪纲，曰公法。自爬雷司审事官等而上之，月审、季审、巡审、上议院审事等官，刑部大臣，皆由刑名以进。未得士者为律师，或佐官听断，或助民执讼，皆公言之。自巡捕之官，敌司退克审事官译以为知县，实不相似等而上之，至各康退射尔长官译以为督抚，其实亦非，此不治兵税，以及民部内部总管府，若协理总办参赞，至大臣，皆取于明纪纲法律学者。自出使总领事公使，税务、邮政、藩部、外部总办至大臣，多由明公法通商律士以进。故此科为由士出身之

大学课程

出于太学各归社会

法学四项

专途。其艺科之选，则为工艺院诸馆之师若营造、冶矿、机器精艺、船政，农政亦设馆，分课附于工艺院，或为工作厂、矿厂之董，富者自为厂主。公会官、兴艺官间由此以选。其士科之最贵者，有阿佳底密此兴自法，德美皆仿而行之，其实如中国翰林院，初时专以艺文为重，职司艺文，及修补字典。近年格化学兴，附设四科。一理法为人之理与治国纪纲，合道科性理法律为一。法国太学旧分五科：曰文学，曰理学，曰道学，曰律学，曰医学。二百年前，法国创始，仿中国翰林院设阿佳底密，初以文学为主，后增科，并道理法为一科。其太学五科，课业如故。二博古考订各国古今文字，识古物，辨古器，译古文及别国书。三格化译其科目名义亦曰学问。统光电汽热音重算诸学，合天文地理为一科。太学艺科之选，尤异者与此选。四雅意译义又为精艺，主绘画，协律音乐，制曲雕镂石像。与文学工诗文，编史乘，修字典。为五科，仍以文学为重。选凡优于五业者，由太学三考，名成以后，教习于各学院。有著述声名，由平时本院众博士详稽品目，期会选举。会选者人一椟，各以所业试题，众博士纳丸椟中，以定所试优绌。优者纳白丸，绌者纳黑丸。毕纳启椟，得白丸多者为中选，则为此院博士。类皆高年宿学，以此为不朽之荣。其学而未与太学之选，或与选太学生员，不中举贡之选，则为蒙馆之师，别有师道馆，为之教授。其程式，一英德法三国今文，二代数几何勾股算法，三金石动植格物化学，四地球图说、各国史记，五律吕，六敬神修身之道。除温理诸学，每日须练习教授之方。学为女师者，但减所业，程亦如之。课程既满，给与文凭，始就馆聘。蒙馆乡学教习，皆取于此。经馆书院教习，取于太学举贡。

优于五业太学三考名成以后教习学院

太学教习，取于进士，或博士。经馆以下由民举，书院以上由官举，各国小有同异而大较皆然。英国英格伦太学三，苏格兰太学四，阿尔兰太学二，共太学九区。法京巴黎太学二区，德国太学二十有四区。美国书院，率兼称太学。

私立大学富室捐建

初各国太学皆国家所设，后每有富室，捐建书院数所，在一处者，国赐以太学之名，惟考试取士，仍归国建之太学。官建者入度支，学部主之；民建者民捐经费，举监督董之。有成效者，发公帑助之。此太学与书院之大较也。经馆经费，统于书院。蒙馆以下为乡学。英国五十年前，尚无官设乡学，于民所设者发帑奖助，继而改为官设，并入度支。美国凡新属之地，除出售与民开垦，给修建铁路，开掘河渠，各公司更以给本处备学校经费。计给学校之田，已五百四十万顷。给地入不敷出，则按民私产征收。法败于普，后始广设乡学。建学之费，二千四百万磅，岁用率六百九十万磅。教习束脩皆公费。生徒入学，率自傺资斧。为常贫不能给者，公赡之。不入塾者，罪其父母。

学校之兴德国最先

学校之兴，德国最先，亦以德国为最盛。嘉庆十年，布为法破灭，有深思之士，进言布君，欲振兴军事，必以乡学为始，令民间子弟无不诵读，而及兵法。迨入营之时，率皆英年，稍通文字者。昔西士培根云：“智则强，愚则弱。”即是此理。因于通国设乡学，不入学者罪之。如是五六年，乃南败于奥，而兼并德意志小邦，旋又西破法而称帝。今计通国小学，二万九千四百八十二所，实学馆暨经馆，大者八十四所。计岁费，九百六十七万五千磅。

武备院专由官设 船政馆兼有民设

武学专以教习将弁，与船政馆相表里。武学堂为武备院，专由官设，船政馆则兼有民设者。武备专主军旅，船政兼主通商也。凡武备院，皆厚给廪糈，课程与各书院相出入。如测算火器绘图，建造营垒桥梁，考究古今史记、历代兵法文字，则稍涉罗马古文，而以邻邦今文为要，尤以本国军例与公法为急务。分门教授，以六年为期。生徒入经馆，课业皆通，愿习武者，入而受学，课所业有馀力，始操演骑步战事。馆为广庭，后园，置蹴鞠舞干缘橦击弹诸击刺，以备游演。期满课最，然后入营器使。自武弁至兵督，皆由此以进。其士卒则于军营设学，课以书算绘图。德法则民间子弟既出乡学，皆入于卒伍，三年为期。惟船政馆由官设者，主练习水师，将弁课程，与陆军武学相等，惟增天文汽机格物，因航海测算，须明天时，驾驶兵轮，须谙机器，故格致之学，宜视陆军武备加详。

格林尼址水师学院

期满课最，授以文凭，始入海军器使，管驾至水师提督，皆由此以进。英格林尼址水师学堂，自都司以下，皆许入学肄业。先考进门试，课以算术汽机水火重热天文海线诸学。入格者与住院，或就院居，或日再至。皆听试及某等者，有奖课膏廪，循序进业，试若干题，通若干条以上，记若干功；记功若干以上，拔补一次。

西洋文字

泰西文字推法国。法文本于罗马，罗马本于希腊，希腊本于埃及，埃及即麦西，分为犹太，实西方文教祖国。过波赛，买埃及古文石刻，审其文以形相合，体甚繁重。西文主音，埃及文主形；西文旁行，埃及文直行。至伦敦，闻有麻翁者，为博古学士，能识埃及文。访之，出所携石刻相示。渠亦不能读其文，但言埃及字凡三类：有模绘法，如画虎示虎；有定实法，如画妃别于王；有从音法，贤异于权之类。此三体者，古人混用焉。今惟用音，令人易晓。因询以西土文字凡几变。麻举二字相示：一画蛇形，三变而成字，又三变而成希腊文，又一变而成罗马文，又一变而成今字，即二十六字母中之“F”。埃及石刻，据麻称为开辟四千年前古文。以时按之，则夏末商初时也。其文三体于古先所传六书，为象形、象意、象声，而无指事、转注、假借。指事原与象形一类，而义更隐微，疑埃及古文亦有此体。而西人说字，不能通其意，遂混于模绘一类。转注假借，以体兼用，即在四体之中，亦所应有，特西士未及知耳。在巴黎观演剧，演犹太故事，歌者登场，调为三字句者、二七字句者，一如此相间，凡十二句。西国制曲者皆博士，或言学士，其雅意一科，专主绘画、制曲协律。凡为士者，初入经馆，皆习拉丁文字，卒业考成，始各就其性之所近，分科肄业。故凡为博士者，皆识拉丁文，制曲演古时事，则以古时音协律。今演犹太为一字一音，三言七言一句，则知犹太古音，同于中土。后识英议士戈登，娴于掌故，叩以英文所祖，答云来自索逊。索逊者，英主之先，为日耳曼之族，千年前入

埃及文字分三类

主英国，故其文字行于英伦三岛。索逊文又来自印度，故从梵典旁行，以音为主。乃悟麻所云“古文八变而至今文”者，盖缘埃及文，有从音一类，参以梵典拼音之法，以字母就方音，有一种语言，即别成一种文字。文凡八变，据二十六字母而言，声音则迁地而变，故各国自为字典，而字母皆同，习其语即通其文。西士博学者，皆通十数国文字，而能识埃及字者甚稀。其习中文者，仅能译公牍而已。据埃及文、犹太音与中文同例，则知埃及犹太时，文字与语言为二，知书者少，变而从音，语言与文字为一，令人易晓，故举国知书。其端甚微，而变动甚大，其教之遍传国土，深中人心，实由于此，不可不察。

文凡八变字母皆同

语言即文字，简易易知，顾其为书，便于直陈器数，难于曲达义理。举国聪明才智，注于器数，故日进富强，无深至之文言，则性情不感，而日趋诈力。其国有善著论、工为诗之士，国人甚重，然不数有。其教惟以永生永罚制人，不讲自然之情义，其害在蔑伦背理而不知，不解中国父子夫妇之伦为何物，反诋中国父权过重，女性见屈，以为承草昧之馀习，势强者擅权，急欲起而革之。以彼之文，译中国经传，决不能通其意。譬如“孝”字，即西文所无，译者以“顺从”字当之，不知孝兼报效教学之义，为名教根原。此义支离，说无从入。又如天之经，地之义，西教言天地有造化之主，西学言地不属于天，此义难译，况译者并不通经，则支离愈远。道光末，英人黎雅各，来中国传教，同治中曾译《孝经》《论语》

西文难通经传之意

英黎雅各曾译经文

《周易》《诗》《礼记》，携归国。今黎尚存，年七十馀，在英叩以传中学生徒。答言西国无所用，习中文者甚稀。一日招赴其东方学会，列坐十馀人，无识中文者，惟黎以西语译《屈原传》，与众演说，义多燕郢。闻者问难，不解其宗旨，以为行径太奇，恐无其人。乃告以中国名教，重君权以治民，即以护教，忠君所以保民，即是敷教，譬如耶稣门徒，殉教而死者十馀人，屈原之死，即殉教也，知彼即知此矣。闻者称善。相属如用明经术、精训诂者以治译官，博采各国古今文，凑合罕譬，引申以曲达经传之意，贻彼教会学会学院议院，乃可以渐引彼教之人心而固吾名教之壁垒，实正人心，息邪说之大关也。

中西文字之异同

西文起于印度，传及波斯。波斯字右行，分为阿剌伯、希腊、罗马，再分为今西洋各国，以音传意，音相近者言即同，借义多而正义少。如天字借于气，则中文言天之义不能通；道字取譬如言，则经传诠道之义不能达；弟兄长幼一名，诸母与诸姑同称，不能别嫌明微。中文主形，形中见义，所谓圣人见分理可相别异，故制文字。西文无分理之别，先不能立纲常之名，故不知有名教。文明未启，但畏祸福。耶稣称天之教，足以涵盖鬼神，泰西从之而化。由其文同，故教同，法律同，政俗同，好恶同。党同伐异，而合以谋我。中国与彼文异教异，而无所不异，所赖以通中外言意者惟舌人，顾为译者，多不通义理训诂。由洋译华，则比拟多不伦；由华译洋，则训义多失旨。必学明训诂，尝考求中外政教掌故者，始能训比悉

东方学馆

当。英法皆有东方学馆，习印度、日本、中国语言文字。为教习者皆非通人，故彼馆生徒仅能通粗浅公牍，备其使署翻译。两国政教本源，无由通参得失，名教之义，彼所未闻。以其教尝我，而信从颇众。

及观我政不能安人，兵不能自卫，遂抵隙蹈瑕，以我今日之积衰，并毁中教为妄作。教会乃直谓中国无教，而亟思以其教易之。国势衰微，不能不兴功利以自救，急治其标。然而士学已卑，经术不明，官方已邪，市流竞进，商势已重，本业日微，益以崇西学，尚工艺，保商权，工商日益贵，士农日益贱。环球大势，以某国商业盛，即通行某国文，为便用而易谋利。中文难而无功，洋文易而有利。试士之文既肤廓而无实，不足取重于时。儒官仅存，已成寒气。二十年之后无人习汉文，而周孔之书废，彝伦之教裂，传教者乘机煽诱，以称天平等如发蒙振落。士不能自存，必且附其教，以助扬其波。故广兴功利，诚可转贫弱为富强。然不力护本源，势必沦中夏为夷狄。然人情不甚相远，其国之世爵，太学之秀良，颇知慕中国礼教，教会亦间仿华风，修改教规，而讳其所自。宜因以广同文之治，命儒臣取六经所有之字，参合大小篆，分部摹成字典，用洋文译古训，引申别义，详为诠释。即用其文，写六经定本，以贻其议院学院、教会学会。彼国太学，有博古一科，重埃及古文。其文主形篆而直行，字形如钟鼎虫鸟篆。今制通行字典，须用篆文，令有形意可见，始能有所悟入。识中文自必读中书，读中书自然知名教，知名教

中国危局

应对之策

自然贵仁义，服名教。贵仁义，则夷进于夏，可以仁义之道治之矣。

《周礼》外史掌达书，名于四方。名教之兴，自近而远，其时距王畿三千里，外为要荒之服，故王者不治夷狄，而以同文治之。书同文，则行同伦，其事相因，必然之势。洋书则罗马律例，万国公法，通使指明，根于其教，发于其政，行于交涉，亟宜译订旧讹，纠绳得失。公法始于荷兰人虎哥，本闭户私书，其后讲者接踵，遂成公律。近荷兰学会复取各国律例，与罗马古律参会，订为泰西通律，致书各国政院议院，许以通行。今本经术仁义之精，为之折衷驳正，转译其文，贻之各国政府议院学会，则公法之权归我，交涉之棘手渐除，渐因折衷法律，而讲以名教人伦，彼即不肯遽遵行，而已先摇其教本。彼教新旧约书，推本生民，称天立约，言非而似是，法简而易从，传教者虽无煽乱之心，而实有变夏之志。非明辩正距，彼推本于天，专破名教，害将中于人心，宜详辩其非，转译以贻诸教堂教会学会学院。纵不能遽变而归化，而其说不胜，传教之心自阻，从教之民日稀。其效虽缓，而机甚捷。诞敷文德，而战胜朝廷，不可易而忽之也。 中以同文洋用公法

西国小学，即课天文地舆、算术物理学。塾备仪器，为日月五星运行轨道，壁悬五洲舆图，置算筹三角、光镜及动物植物图形，分年进业。若天文则以二至二分、日食星犯，令学者指拨运转，觇其所晓；若舆图则举某国某洲界线，令学者摹绘。其性近业优者，以为专门始基，其次 西国小学课业

皆粗知大略，教习考成，以为知及子学，始入经馆中学肄业。故凡为士，及上等人，无不知日月五星、地球运行经纬，与五洲南北极、赤黑道部位，大山川形势及几何勾股、割圆算术，水火气汽，重热光电，诸学途径，童而习之，先入为主。就其性近者，深造为专门名家。故举国除下等椎鲁不计，皆主一家之言，绝无异议。其实谈天三家，各尊所闻，不必宣夜长于两家、地如鸡子黄，即地球之说。盖天家言地如覆盂，以海行极处为南极，其理至显，不必圆合如球。道书言地形如肺，滂沱下垂。即以今泰西所制地图按之，除海水不计，九州地形，实肖人肺。《淮南子·楚词》言天倾西北，地陷东南，以今英俄日晷，东南洋水深测之亦适吻合。本不能据一家为独是，傲中国以不知，特彼国知者多，而中国知者少。非专门者无术与之辩难，方惊为所未闻。群盲相哗，以为谈天地必宗西学，且若舍西学，无天文地舆。不知中国今日之衰，正由中学不讲耳。士习帖括，不知七政五纬，不辨四方九州，高引圣贤，辄持臧否，士夫习为虚娇，试之以事而立穷，此亦学术衰微之故也。记言小学，教之数与方名，视智虑规矩，数即算法，方名即地舆。《尔雅》所载四荒四远九州，镇浸于地域，大势已明。释天星名岁阳星，次月阳，于天文大纲略备。鸟兽草木，足资见闻。此宜旧皆有图，而时久散佚，不传于世。《尔雅》，古小学之书，今则非通人不能读。《考工记》言石何以泐，水何以凝，即明指考工须知格化。特此等别有专书，与算术乐律同例于

中学不讲致今日衰

经，但举提要数言。如学校不废，工官尚存，知此者多，何至震服于西学？故人才衰，由学术陋。今不咎已之不学，而反咤为古所未闻，不亦厚诬乎？

人才衰由学术陋

外域限年考学，合乎礼制，得教不躐等之意。故高者进博学，次者就专门，下者亦有执业。故民无游惰，士鲜空疏。今中国学校废弛，家自为教。家自为教，则欲子弟速成，未知六甲，先制五言，未辨四方，先求一贯，其要归以资试帖八比而已。以言文章已至陋，以之致用，不更远乎？上者空谈性道，举一废百；次者猎取科宦，浮沉以取世资；下者无成，欲改习他业，而时已过，则游惰终身。其弊源于远躐等之戒，其极至于人才乏而学术衰。游惰多而中国困，履霜坚冰，由来者渐也。

中外教学之优劣

外国选士皆于学，博士教习为主试，教官即考官。平日课优，届期取进，故不患不明，但恐不公。设官以监之，而其弊自去。其实主试，声名所系，平日众论所推，即有不公，不过略有抑扬，不取颠倒黑白。《周礼·地官》为教职而兴贤能，即典于此官。经制甚明，而后世不用，学校废而投牒赴考，糊名易书。弊未能除，徒令学生迷惑，竞一日之长，怀诡胜幸获之心。屈抑滥厕者多，无所观摩，而业荒于惰。业惰者志昏，于事理思不能入，何怪人才之日下乎！

中外选士之优劣

英国报“泰晤士”最著，法国报“覃排”最著，主笔者皆必有品望学望，由学会所推，即其国之清议所在。报无不实，论必持平，馀家不及。凡立报馆，必请于国

无造言詈馀俱不讳

家，国必允行，但由官考查章程，禁其诈索人财。有犯者，本馆察知立去其人。议院设报馆听议处，有笔札，令其记闻传播，但无造言詈，馀俱不讳。政虽不以此决从违，民得因此知国事。论洽民心，一时遍国中，百姓或即联名献议，两院议允，即得施行。故国政报馆亦自重声望，不妄发言。兼及外国政事，故欧人于别国兵灾、新政、异闻皆知，不似中国士民，茫然隔膜。事归学会，主持清议，有乡校之意，诞告多方，属民读法，其规模故远不及先王，然亦有可观者矣。此外银钱贸易之属，掌故小说之属，分门为报馆，皆各业各会人理之。

欧人无书不有图谱

郑樵氏亟称图谱，惜为古法湮灭。欧人无书不有图谱，故辨于测算，分数甚明，而考于方域，物质甚审。太学工艺院，凡制造仪器毕齐；水师学堂，有兵轮器械小式；博物院，于各国名都紧要海口，皆有范形，以资学者游人考镜。学业日兴，图谱之力为多。而仪器范形以相辅。

仿西学制培养人才

如仿其水师学堂之制，考察庶官，候补人员，无所能业者，为设官学院，毕陈图谱诸器，如工艺院、水师学堂、博物院之式，令就性所近，分门治业。其在馆膏廪、为学次第，则兼仿格林书院、政治学馆章程，以课业殿最为需次先后，不数年而人才出矣。

附与英国麻博士议修各国通行字典说例

一、五方之音不同。由于地气所限，又童而习之，至难更改，故古人但言同文，不言同音。文者以形相别之字也。字之形，所以绘出人心中之意。凡人出言，唇齿之音有异，而心中之意相同，故音则百里不同，意则环球无异；音则数百年一变，意则千万年无改。因人之意，造字之形，认准此一字之形何若，便知此一字意云何。虽读出口，其音不同，而入于目，则其意同达。今欲造通行文字，必须以形为主。一意造一形，一形为一字，一字读一音。所读之音，各随其方俗、唇齿之便，不必强同，但须同用此文。览其文，便能通其意。譬今日本与大清言语不同，日人之习汉文者，其读汉文口音亦异，但将汉文写于纸上，便可彼此通晓言中之意。至于别国文字，则非先通其言语，习其口音不能。凡人欲深通学问事理，全要明悟，不在记含。主形之字，专用明悟；主音之字，专恃记含。人到中年，学问有成，明悟必长，记含必退。今造通行之字，以形为主，实为各国深于学识之士，便于讲习领悟。用此种字，译各国书，开卷了然，由此可以遍读各国之书，信函来往，广交四海之士，不但为一国之通人，且可为环地球之通人。实同文之一大转关，宇宙之一大快事。

西文盛于罗马

一、西文盛于罗马，而诸国各以其方音，合字母为语言文字。中文始于仓颉帝（有二说，一说是黄帝之臣，则在五千年前；一说为颉黄氏，则在黄帝前，去今七千馀年矣）。夏商之文，略有改变。今存于世者，有钟鼎文摹本，汉朝许慎所作《说文解字》中之古文奇字，存者不到百分之九。周朝太史籀作大篆，孔子作六经，用此字写之。后来秦朝李斯作小篆，省大篆之繁就简，汉朝石刻五经用之。自小篆以上，虽屡有变改，然自古相传，俱以六书之法为纲领。字有小变，而造字之法未变。六书者，一曰指事（又名象事），如言语不通之处，用手指一物用手比一事，如上下之类是也。上古文作二，下古文作一，一譬为一物，譬人手所指。指其上则意中明其在上，指其下则意中明其在下也。二曰象形，象形即绘字。凡实有其物者，皆略绘其形，即为此字。如画日形，画月形，之类是也。三曰会意（又名象意）。凡动作字，多属会意。随取象形指事二类之字，或两字，或三字四字，合成一字。或用正说，或用比喻，令人详两字三字相合之理，是何取义，便知此字是何意思。如武信之类是也。篆文是一个戈字、一个止字，合成戈止，而字皆是象形之字。是画古时勾戟、兵器之形，是画人足印，人足履地，便是停止之意。故止象足印，而意为停止。武所以勘乱，不可以穷兵，故造武字，取止戈之意，用止戈两字合成。篆文是一个人字，一个言字合成。字是象形字，乃画人侧身之形；字是会意字，是舌字，舌上加一，取言从舌出，须有条理。由“人言”合成“信”字，便是人言为信，凡人出言，必须有信也。四曰形声（一名谐声，一名象声）。如江河之类，篆文作，左边偏旁是形，以类为分别，江河皆是水名，故偏旁作。右边配合一音，随各地方音，呼此等水作何名，便是一声音相仿佛之字，配在右边，合为一字，如江音与工相似，便从水旁配一工字；河与可音相近，便从水旁配一可字。凡金类木类鸟类虫类之字皆如此例。五曰转注，即是实字虚用。六曰假借，即是比喻（实字虚用者，譬如古文云字，象天上之云，以云之气象纷纭，故用为纷纭之意。古文雨，象天所下之雨，以实字作虚用，凡自上而降下者皆谓之为雨，如雨粟、雨毛、雨花之类。比喻者，如习字从，本象鸟羽，字之本意为鸟学飞，因人之学习无其本字，故借鸟学飞之字为比喻。又如贵字从贝，本象钱贝之形，字之本意为物价贵，值钱多，因人之贵贱无其本字，故借物价之贵贱为比喻。馀可以类推）。此六书者，自仓颉创此例，后来字形虽屡有更改，然皆不外于六书，故小篆以前皆称之为古文。但最古之文，其笔画减，后来所改，其笔画繁。笔画减者易于记，笔画繁者难于记。今造通行之字，须要使人易晓，宜用古文。但古文存者不全，惟小篆存者尚备。许氏《说文解字》，凡有九千馀字，分五百四十部。嫌其太多，难于学习，又笔画繁减参半。其笔画繁者，又难领悟，拟设法变通。考九千馀字之中，有三千馀同意可通之字。今删繁就简，其有数字同意相通者，但用一字，择其笔画减而形意分明者存之，馀笔画繁而意隐曲者去之，则止有六千馀字。以小篆为底本，而参合太古文、古文奇字、钟鼎、古文大篆，择善而从。其小篆笔画繁，形意晦，而古文（太古文、古文奇字、钟鼎、古文大篆四种总名）笔画减、形意显者，则取于古文，以易小篆。减省五百四十部，作为一百二十部，或一百五十部，仍依六书之例。象形一例，古文已备，有减无增。指事会意二例，须通盘筹算，存其必用者，去其不必用者；存其明显易识者，去其隐晦难解者；有减，有增，有改。如有小篆繁，而古文无之字，则取罗马古文，合于篆文偏旁，以成其字。其形声一例，所配成之小篆文，一概删除，但存部首。计有草类，木类，山类，水类，玉类，金类，宀类，鸟类，虫类，鱼类，马类，鹿类，鼠类，肉类，角类，衣类，系类，食类，犬类，革类，佳类，禾类，酉类，㫃类，车类，邑类，示类，凡二十七类三千五百馀字。去三千五百字，则仅存三千字矣。遇有二十八类之字，则偏旁从古文，配音用罗马字母，或一音，或两音，不得多至数音，以便记识。临用现配，不必列在字书中。转注、假借二例，其字即在象形、指事、会意三例之中，原不添字，但加注解。则此通行字典，制三千字足矣。

《说文》小篆以形为主，其分五百四十部，亦依形相联属，次第读之，自然通晓六书之法。既解六书，又识五百四十字母（部首之字，即字母），此外之字，无非由字母拼合而成。熟于拼法（六书即古文拼法），则随举一字，便知此字之取意；即知此字之用法，一见了然，自然易记。余旧著有《说文部首详注》一书，教于学者，学者只须熟习五百四十字母，便通《说文》全书。今更删繁就简，减五百四十部为一百五十部，则只有一百五十字母。学者只须熟习此一百五十字母，领悟注解，便明六书之法。再认各部首字母，所拼合之字，自不烦言而解。能解自然易记。其部之次第，仍依许氏之法，以字形相联属。如首一部，注明一画在上，取意为天；一画在下，取意为地；一画在中，取意为道。次以王部，便知王字上画是天，下画是地，中画是道，王者当贯通天地人之道，丨者贯通之意。此下次第，以此类推。又古文造字之取义，凡有四端：一仰观于天，二俯察于地，三近取诸身，四远取诸物。此四类是实字。实字既成，然后生出半虚半实字，即动作字。或以两实字相合，明其动作之意；或用点画加于实字之上，则以点画形象别之。半虚半实字既成，然后有虚字。今立部首，依形相联，犹恐分类不明，学者疑惑，更将部首分类：天文一类，地理一类，身体一类，物象一类（物象又分生成与作成为二类），点画一类。学者既观依形相联，知其源委，又观分类部居，知其体例，则易于通晓矣。

一、会意例。多半系动作字。小篆于此等字笔画繁重者多，古文此等字，存者甚少，则须有改动。依部首字母生子之例，仍用两字三字凑合而成。其拼法或从右到左，或从左到右，或从上到下，或从下到上。如无次第，则阅者易迷。比如止戈为武，戈字在上，止字在下，如解为戈止，则其意不明。人言为信，人字在左，言字在右，如解言人，则其意大反。今拟会意字，无论古文原文及新创义文，皆于旁加一记号，从上到下解者，作┐；从下到上解者作⅃，从左到右解者作ㄱ，从右到左解者作┌。如武旁便记以⅃，信旁便记以ㄱ，馀皆仿此，令学者开卷了然。又此类字，同意而异形者尤多，今从简易，惟取其明显易知，与属文必用者，每一意只存一字。如拜、揖、擣、𦥑皆系人拱手为礼，则只存𦥑字，删去揖、擣、拜三字。来、至、到、届、抵、格，皆系由彼处到此处之意，则只存至字，删去来、到、届、抵、格五字。然有数字同意，其意虽相通，而究微有分别者。如“来”虽是“至”，而招之使来曰来，则其人尚未至，与已至者有别；“格”虽是至，而格是神光所到，与身至其处者有别。今既删去“来”字“格”字，属文须用来字格字义者，势必以“至”字代之，又恐读者不明其意，遇有此等处，自度心中之意，与所书之字尚微有分别，则于其字之旁加△，以为记号。凡文理稍深者，一见自能通晓矣。

一会意动作诸字，有同意字，有对待字。今将同意之字删除，只存一字。原为初学通行之文，易于下手。至于通行既久，精益求精，自宜遍识古文，以征博学之能，以助文章之妙。拟于字典之外，别为一表，分为四格，以所存之字为纲，其字有两字对待者，占两格，有四字对待者，占四格，直看其本格之中，排列同意、未列字典诸字，有一字列一字，有数字列数字，横看对待之字，两相参证，其意更明，易于解识。同意之字，排列一行，涉目及之，渐渐能识。如阅中国古书，字典所无之字，求之于表，自然能解。此字与某字之意相同，即可用字典所存之字，为此字作注解。

一、形声例。二十馀类，多系物名，但存部首偏旁。学者识之，每逢用此处字之处，思是何类，即照字典写出偏旁。其右边所配之音，即取罗马古文，随其方俗所呼之名，与罗马字母何字之音相近，即将其字写在偏旁之右，拼成一字。如字母一音，与此物之名无相近者，则以两音拼合，不得过多，以便记识。如音不能准者，可画其物之形，配于偏旁之右，则但识通行字典之偏旁者，无不一览而知其为何物矣。

一、转注例。系实字虚用，虚字实用。由此一意。又生一意，所以济文字之穷。如 是实物，因地轴自转一周，而为日光所照，故日光所照之一次，名之为一日。月轮绕地球凡三十日一周，故月循轨道之一周，名之为一月。此系实字，用为半虚半实字。又如，古文“时”字，象日出于天上有光（一为天，象日光芒），古人日出而作，日入而息，故日为时，夜不为时。时者正正相当之意，故又以日出见光之时，为是非之是。时系从实字，用为是非之是，便是半虚半实字。是非之是，言当如此之意，因而推广，凡言如此，俱名之曰是，便是用为虚字矣。由此意又生一意者，推广日之时，以名夜之时，则为一日之十二时；因由一日之昼夜，相推相积，而成一岁之春夏秋冬，故又以为一年之四时。由今视昔，皆四时所积，由今视后，皆四时之所推，故又称为古时，为将来之时。又如，卧人也，象人卧形；相依也，象两人相

依。而人象被以覆之，本为动作，半实半虚字，因人之死卧而不动，故以卧人为人死之尸。被之依人，人之相依，犹衣之依人，故以人相依之字，何衣服之衣，则作为实字用矣。但虚字实用者少，实字虚用者多。今拟每字注明，则注文太繁，初习通行文字者苦其读，一时难遍。但于凡有转注之字，旁加丶以志之，于其字之转注最广者，发明一二，馀字加志于旁，令学者因此悟彼，可以类推，遇属文用此字之转注义者，即照字典加丶于旁，令阅者分明，可以意会。其用本义者，不必加丶。

一、假借例，即是比喻。天下古今之事理虽繁，而彼此相通相类之情形，随在皆是，故古今立假借一例，以比喻尽文字之变。如从犬之字，多比喻人之恶；从羊之字，多比喻人之善。本风字，因凤凰所至，百鸟从飞，故比喻人之朋友。本蚕筐，因蚕在筐中，曲屈委蛇，故比喻人之私曲。凡此之类，皆于部首字母注明。学者熟悉部首，便知从此类之字，多取此意。其部中所拼合之字，则不尽注，但于假借之义最广者，旁加○以志之。举偶反三，以类相求，无不通矣。遇作文用假借义者，亦从此例。

一、虚字。中国言谓之语词，又谓之语助。其字不多，而属文著书，随处须用，所用甚广。义文虚字，有即用语助之本意指事会意者，有假借他字代其口音者。今作通行字典，仍分属于各部字母，详加注解，而别取此数字，归为一类，分别用法前后，则文法即寓其中。其字属假借者，仍加○以为志别。

一、分部字典。如一树从根生枝干，从枝干生花叶，虽枝又生枝、条又生条，万叶千花，同根一本。又如一水从一源，分为数派支流，每支之中，又分数十派。虽其游甚纷，而因委穷源，脉络分明，故乍见似难，而寻求实易。但诸国通人多熟于音学而未习古文，犹恐厌于寻求，习之者少，今拟于分部字典之外，更作一“分类字训”，仿唐时徐锴《说文通论》之例，不必全例三千字，惟择其要领，分类相联，以便学者依类而求，以彼证此，易通古人制字之意，与字典相辅而行。

采风记第三

礼　俗

上下通情得力协会辅以报馆

西国之上下通情，得力于协会亦称社会，而辅之以报馆。协会者，国中同等及同业之人相约联为一会，各有会所一区，书籍笔砚毕齐。在会者日至焉，各习其业，以时宴集，或有所讨论，或有所谋议。同在一社会人，平日则往还亲厚，庆吊相闻。上等社会，皆世爵之家，与律师博士，以学名家者。次等则富商大贾。其上议院皆世爵，下议院多富商。政府必有世爵数人，律师一人。世爵即取上议院中才识优能发议者。律师者专治律例，亦称为法律士，刑官皆由此以选。仕为刑部尚书，则封爵，入政府。爵止其身，无世袭。报馆不一，其大报馆，类有博士主

集同业者联为社会

之。其博士律师等，又各以所操专门学业，集同业者联为

社会。皆有会所，如中国会馆。故国中凡有举作议论著述，属次等社会者，下议院皆周知，属上等协会者，上议院政府无不周知。辅以新闻报，则四通八达，如在一堂。上等协会，达于君主，商会之大者，亦告于君主，即为公会，然皆行之而告于君主，非待君主允之而始行也。

> 社会与公司相表里

社会与公司相表里。联交结党者为社会，醵财谋利者为公司。一社会，每兼有公司数家为联，比其家产，剖为股分，亏则益本，贷则公摊，为无限公司。数人醵股，不关家产，程本亏尽而止，为有限公司。国中除工匠佃农，负贩小业，佣役车夫，食于教者（牧师教士），食于官者（巡兵之属），此外类有公司股分，如大营包小营，互相联结。故工商之业，为举国身家所系。凡得与于议者，皆仰食其利。通商为其国根本，故于争海口，占埠头，不惜全力。商之所请，公家必行。商之所至，兵即随往。其一国即是一大公司，一大社会。推之则英国联邦诸岛，印度、澳大利亚、阿非利加、北亚美利加诸属地，合为一大社会。德国日耳曼列邦，合为一大社会。荷兰、瑞士列邦，合为一大社会。美利坚联邦，合为一大社会。罗马教皇，与法国奥国，合为一大社会。又推之则泰西各国，与南北亚美利加、澳大利亚，合为一大社会也。美之开国，本为英之商会，后乃拒英，自主为国。英之有印度，如亦由于商会。初时英之印度，商会得专制其地，通使出师。英主鉴于美事，急收其权，否亦化而为国矣。公司主利，社会主名。《周礼》九，两系民，八曰友以贤得名，九曰

> 无限公司 有限公司

> 英之商会为美开国

> 公司主利社会主名

薮以富得民，最为难解。今至西国，推求其所谓社会、公司，始悟系民之义。既裕才力，又通声气，本国之势，自然完固。圣人用之为富教所关，末世用之为纵横所本。故战国游士，诸侯倚为轻重；汉初游侠，尚有遗风。所谓剧孟之来，隐若一敌国，譬如敌国之众，入居腹心之地，则其本国自然受制矣。西国之君权日轻，民权日重，其原在此。而其据人地，灭人国，夺外邦之利，得力亦在此。西人行之得计，已视为轻车熟路，俄日群起而效尤，实彼本国之大利，而邻国之大害。其于中国情形，则并通商诸国为一大公司，并同教诸国为一大社会（天主、耶稣、希腊，同源而小异。其流教旨乃同，故易相合）。中国政教已弛，而孤立无助，不可不极为谋矣。

君权日轻民权日重原由如此

理财之术贵在分业

西人书《富国策》，言理财之术，贵在分业。以琢针为喻，自熔铁抽丝，以至磨尖穿鼻，如一人兼为之，则一日不能成数十针，以十人分业为之，则一日约可成万针。故西人每事皆分业而治，工业如此，推之国政皆然。一，事有专司，则无所牵制；二，熟极生巧，则变通不穷；三，用志不纷，则精神少耗，中间无有旷时（凡人初操此事，必踌躇审顾，此即旷时）。工业与官事，皆是一理。其始分在幾微，而因而积之，其得失所关甚大。史言驺子之学，先验小物，推而广之，至于无垠。西学正与之合。此亦富强之根源，不可不察也。故《周礼》曰：“设官分职，以为民极。”古之设官者，重在于分职，又曰以世事教民，则民不失职。此世事指三十工而言，其馀称氏

古之设官重在分职

称人者，皆世官世职。知分职之义，则无冗滥之员，而以奔走期会簿废务之弊亦寡。

《富国策》之理财种类

《富国策》言理财分三种。一种耗财于无用，譬如以千金制一衣，此人耗千金无论矣，即买衣之家得千金，又必以八百金以为制千金衣之资本，虽此八百金，仍分与众工，众工仍以易食用，然其财已分散。由此八百金分散之资本，所滋生之物不多，其买衣之家，则卖十领衣始能滋生一领衣，此为有利有损。如积金银不用，则此款永不滋息，此为无利有损。如积众财以为资本，若公司作厂、舟车运转贸迁等业，则既以日用程本分养众工，众工以所分财易食用，日有滋生之货物，又以不动程本储作料，成百器，日进程本，增致远之力，益生财之器。一转输挹注间，程本日增，滋息日广，源源不竭，此为有利无损。故西人理财之策，专重在积厚资以为本，速转运以滋息。学者慎思而明辨之，商贾信服而笃行之，所以作厂、轮船、铁路诸公司有加无已，争趋若鹜。其得力在商业学堂，切究讲明，通盘筹算，证之于协会，登之于新闻，则举国上下皆知，毫无疑义。一举而众集，公家又助其力，为之护持，不似中国之人自为谋，家自为计，此尚同之效也。

有利有损 无利有损

有利无损

分业而精 工作为本

西人凡事分业而治，故其业精，然亦有辨。工作是其富强根本，且百馀年来，出各国人之才力以角胜，其精于业，理所必然。此外别业不必胜于中国，而皆推行尽利，各奏尔能，不似中国一事出，而众说纷纭者，其中机缄，由于文字。分科发源于始，其文字各为一典，又日出而不穷。譬如天文地舆、算学医学法律兵政、格学化学之筹，各有字书，不相通易。知天文者，不识地名之字，通化学者，不识法律之文。故以彼学名者，不能论列此学之是非。惟其学术同者，自相为优劣，即成定论，事属彼科所学，即听彼人而行。故议论不乱于朝野，而无筑室道谋之弊。由外观之，有似于所业无不专精者矣，亦因此学成而名立，而权利即在其中。故人得专其心思，不致中途易辙。其文二十六字母，以音相合。如中国之一语而为一字，一字凡数音，孩而学语，其音皆二十六字母之音所合而成，童而习书，知二十六字母之本音，记二十六字母之点画，即知某语。即某之数母音所合而成，依音之次第，画而记之，即为字矣。其井市道路，所通行文字，即是语言，故孩提奚竖乞丐，皆能识字。至于专门学业，则其字非通行，其属语文法亦异，且深于此学者，随时命名，意造为新字典，非学人不能识，即别学之博士，且不能知，同学之浅者亦不能骤晓也（如天文家新测出一星，地舆家新探得一地，化学家新分出一质，医学家新合得一药，皆自命名，其属词有难达之新意，亦可自制一字）。由外观之以为西国尽人知学，且盛称其教化之美，凡学业之精，是犹瞽者扪籥以为椠也。三十年前定制，令男女十二以上皆入学堂，贫者公家出财，不送入学有罚，是其整齐之善政。然其所重，乃工艺谋生之事。至专门学业，则在小学考成以后，与此为二事。其就此选，亦国之秀良，非尽人能为之也。

以彼学名不能论列此学是非

人得专其心思

深于学者可自命名

外国以工商立国。工之制器，待商而行。商之牟利，宜于远适，故其工作服用，凡以备行客所需，无不周备精良，沿为风气。举国好游，无七日不出户庭者，甚至襁褓小儿，生数日雇妪领之，居于别宅，每岁再归视而已。就傅入学堂，学堂皆在远郊为多。贫者食息即在学堂，数时然后一返，富贵者则竟于学堂近处别筑一室以居之。妇人信教尤笃，即闲静不好游，七日必诣教堂礼拜。礼拜堂虽随处皆有，而其俗瞻礼教堂，以多为贵。故富人礼拜，过三五安息日，辄易其处。富人必有别墅数处，以时转徙而居。英伦九月后多雾，富人世爵常以春仲居城，秋仲居乡。贫人转移佣工，视此国到彼国，不过如异县。孩而离母，幼而去家，妇而健走，则壮者之远游，已成必然之势。此与中国不同之源。常谓中国为居国，外洋为行国。西人议论，亦有西人主动，华人主静之说。实按情形，则西域一埠如一家，一国如一县，通泰西如一国。中国人情涣散，各自为谋，则一家各自为一国矣。

工商立国

举国好游

西人主动
华人主静

外洋虽盛兴机器，而修堤治道筑室，仍须人工。以英国计，通国食于工者，一万万人。其工价木工为上，泥工次之，石工为下。上工每日三先令，次工日二先令，下工日一先令。其日食工三先令者，已为都匠，艺不及此者，木工每七日十先令为常价。在汽机作厂，经理机器者或倍之。其馀肆廛佣工者称是。近年工匠渐觉富人役贫人，以取厚利，其事不平，群立工匠会，议增工价。富人固持其权，汔不能增，良以工价增，则商业不能不渐减。此亦工

人工费用

立工匠会

业由盛而衰之萌芽矣。

西历 西历以整十二月为一岁，而二至二分，因有昼夜平长至短至自然之验，不能立异，无可推移，而无闰以消纳岁差馀分，故创为闰日。有月卅一日者，岁当其半，盖仿中历之月有小尽，布盈于虚。其日辰无甲乙，而仍以日月五星为纪，以逢日值辰为礼拜日。无二十四节气，而有二至二分。此历法拾中土之遗，而讳所从来，稍稍立异以争胜之明验。英国伦敦，昼短至四时，夜长倍之；夜短至二时半，昼长三倍半有奇，几至四倍。明属地偏西，日在南陆，距光远，瞬息而过，故日短过于中土。尤偏北，故日在北陆，天西行，日没时，中土已不见日光，西方尚为日所照，故日长倍于中土。以日夜至长至短时自乘，日长多于夜长二十分之三。又立异以争胜，窃取古谈天家宣夜地圆之说，参合佛经大地随风轮旋转一义原本推度补截，勘合迁就乾象七政，运行轨道，阐为地球自转本轴，旋绕日轮一家之言，广制仪器球图演说，以张其学。各国设天文台，其中仪器精良，远镜轮机，动值数千万，非平人学者所能仿造，即无人能窥其破绽。究之各国公家天文台所测，傲人以所不知者，惟见月中山涧隆窊、日面气色变动，五星地球，各有两月四月八月绕之而行，五星外测出天王、海王二星，亦为地球数端而已。究举其大概，地球自转本轴，每日一周，不过为变日每日一周天旧说，设法以合于昼夜；地球旋绕日轮，每岁一周，不过为变日行在南北陆旧说，设法以合于寒暑、冬夏。月绕地球，仍属浑

地球仪 天文台 地球自转

天家言，不足争奇立异，故又创为五星皆地球，各有数月旋绕以矜创获。五星乃谈天古候，不能自辟蹊径，又乞灵于远镜，创天王、海王二星之名，以实其行星无数之言，因以破日月五星为七政之说。至日之光气变动，月之积冰仍本火之精为日、水之精为月古义，而小变其辞，其规合脱卸，可谓工于掩袭，而踪迹终属可寻。泰西讲天文者，推法德为最。法初立国，称佛郎哥本，由日耳曼之族迁居拓土，立国称王。至沙尔曼王称帝，广兴学校，遂称文物之国。德本日耳曼列邦之一，日耳曼族，本自小亚细亚洲迁居来因河。小亚细亚，即埃及犹太阿剌伯之地，境接波斯，彼教由此而兴，其学亦从此而出。英之先日耳曼族撒逊人王其地，其教与文与学皆兴于此时。是泰西之学，以日耳曼为宗师，日耳曼又以小亚细亚为鼻祖。小亚细亚由波斯通印度，实流传中土之绪馀。故回教兴于阿剌伯，推麻罕默德为宗师。其教相承，亦称天文之学。

讲天文者法德为最

中国天官为史所掌，其后失官，不属史职，专用杂流，承习政法，无所研究发明，其学浸衰。守在四夷，失而求野。自有明司天监设回回西洋科，沿为故事。汤若望、南怀仁等相继起，益得考求中籍，得闻谈天三家同异。南怀仁书，已有海潮为月所吸之说，即西人谈天新学之萌芽。文教渐启，才智日出，益推波助澜，影取宣夜家言，以圆其说。辅之以远镜，合之于测算，参之以光重电化汽音诸术，所以矜奇护攻者甚至。既于都会设天文台，为张学术根本；国学大书院，皆设博士为主教，以考学者

汤若望南怀仁

之成；小学及童学馆，皆置球图，令朝夕常见，童而知之；又广置球图，鬻于四方，故举国之学无歧趋，覃遍欧洲数十国无异议。独中国自失其元珠，不求诸赤水，亦耳食影附，惊为希有，自谓弗如。不知西人背本争胜，矫同立异是其性，然其用心，尤在破中国守先之言，为以彼教易名教之助。天为无物，地与五星，同为地球，俱由吸力相引，则天尊地卑之说为诬，肇造天地之主可信。乾坤不成两大阴阳，无分贵贱，日月星不为三光，五星不配五行，七曜拟于不伦，上祀诬而无理，六经皆虚言，圣人为妄作。据此为本，则人身无上下，推之则家无上下，国无上下，从发源处决去天尊地卑，则一切平等男女，均有自主之权；妇不统于夫，子不制于父，族姓无别，人伦无处立根，举宪天法地，顺阴阳陈五行诸大义，一扫而空。而日食星孛，阴阳五行相沴，垂象修省见微知著绪义，概从删灭，自不待言矣。夫人受中天地，秉秀五行，其降曰命，人与天息息相通。天垂象见吉凶，儆人改过迁善，故谈天之学，以推天象知人事为考验，以畏天命、修人事为根本，以阴阳消长五行生胜建皇极敬五事为作用。如彼学所云，则一部《周易》，全无是处，洪范五行、春秋灾异，皆成瞽说，中国所谓圣人者，亦无知妄男子耳。学术日微，为异端所劫，学者以耳为心，视为无关要义，从而雷同附和。人欲塞其源，而我为操畚，可不重思之乎？

西人用心在破中国守先之言

如彼学所云则一部《周易》全无是处

闻之端木国瑚经之言天者，皆主盖天，求之于经皆合，如《论语》“北辰居其所而众星拱之”，《易》“天行健”“天垂象，见吉凶，日月丽乎天”“悬象著明，莫大乎日月”，《礼》“譬如天地之无不持载，无不覆帱”，“天之所覆，地之所载，日月星辰系焉”，皆与浑天家异。盖天之说主天如覆盘，地如覆盂，天右旋，地左转，天行健，一日周天而过一度，至期三百六十六日而移所向，故有日南日北。浮出凸处为地，低陷凹处为水，故海周地之四游，天如倚盖，与地斜对，故人见日有出没，其理本精，即以今西洋所制地球为验，近南极一面，亦皆为水，但其形敛哆不同。自周失其官，汉代经师不得传，而史家谈天，皆宗周髀浑天独名于世，经生乃影附浑天家以说经，盖天之说，遂无闻。古言天者三家：盖天、周髀、宣夜。宣者昼也，宣夜犹言昼也。其说言天地形体，日月五星轨道，与盖天、周髀迥异，惟以准测为主，推积分以合昼夜，则与两家候验相同，亦古天之一术。自帝偕叙星辰、帝尧制历象，命羲和为天地官，四仲分主四时，则属六官之长所职，胤征废羲和世官，《周礼》则属之春官，为史职。史官与乐官，同属宗伯为联事，故王出，则太史抱天时，与太师同车。司马子长述《史记》，犹知天文律历掌在史官，故有《天官书》《律历书》，然其时已主浑天之学。此后别立司天司历之官，渐用杂流，士夫遂废，其学承职者，因循故法而已。所守惟浑天一家，未悉源流，又不深推本末，成法之外，一无所知。岁差迁移推度，渐以不密宣夜之说，散见于诸子传记者，更未尝过问。意其学古，流传于埃及，利、艾、汤、南以后，始译

盖天之说

言天三家

利、艾、汤、南

路得

市哄耳谈几成定论

传其学，持以与中学争胜，而秘所从来（西人学皆出于埃及，其先惟教书，用古文读之。教士神副，始通其读。自路得出译教书，广传于人，于是好古者，始由罗马以溯埃及，渐译教外之书传于世。去今方三百年，故高一志《空际格致》、溥汎际《寰有诠》，犹袭浑天旧说）。西人自诞以为独得，群蒙闻声相哗，以为希有，甘自鄙弃旧闻，而争誉之。市哄耳谈，几成定论。浅人持论，以为择取其长。不知天无物，日月不丽天，则日月五星运行，不能不揣拟一轨道以为准，则行星既有说以处；无以解于恒星之移，则不得不说地球自转本轴，以合昼夜。地球自转，无以解日南日北，则不得不以太阳居中不动，地球环绕太阳，以合寒暑。地球绕日，非浑圜，无自转之理，不得不说地球为一行星；无上下四旁，则水非就下，火非炎上，则创为天空压力、地心吸力，以汩陈五行。而重力生热，热力生火，火力生动，动力化质诸说，辗转引申，以自圆其义。浸淫曼衍，益张其帜，以为彼学古今独绝，其实不过察验小物，推而广之，至于无垠（史记称邹千言，其说皆先验小物云云，虽未必为西人学所从出，然实不出此范围）。不知天右旋，地左转，七曜运行而丽天，壮辰居所而不动，理至简易。地球与各行星绕日、月绕地球，皆为日热力所摄，试问日又为何力所摄？理颇迂回。火从重力而生，试问重力又何从而有？义嫌倒置。即以征验而言，彼以三十一日为大尽，三十日为小尽，有时晦日，月见西方，则与合朔之理相悖，有二分二至，而无二十四节气，率每岁以中国之腊，当彼之正。按其气候，则六月熟含桃，十一月见鞠，十二月始冰，较中国迟一二月候，而四序反先一月。其历法之疏舛，已见一班。世人不思，从而助长其焰，可谓无识之尤矣。要之，谈天则三家不妨并存，论理则五行不可汩乱，况彼执知天为众说之橐，操众说为伐异之柄，可以假寇兵而赍粮乎？

中外为译之论

中外之为译者，皆浅涉以给公牍质剂之用。中国译官，间有深于洋文者，其于中国书理必浅，学术必未闻。就其深者，亦不过洋文一端。缘洋文各专门之学，别具字典，若格化，若地舆，若天文，若机器，若医科，若动植，其字各不相通，博学者有不能尽识。其专属文科者，亦有古文今文分途。专属今文者，除审音作诗，与译事不相涉。其在译所宜知者，亦分作论、叙史为两宗，或仅娴一宗，遂以称长，能娴两宗者，盖桀出矣。洋译则以中国语言为大宗，通公牍者亦寡，进于公牍者无论。故两国之深际，彼此不相闻，则皆道听途说，臆揣目论而已。彼国自六岁进小学，十七以后考成入大学。其秀良在小学十二年，必已标颖于众，必不肯舍所已悟，求所不知，且为东方学师者，其于中国学尤浅，何足使之说从。故学为译者皆中材以下，但习语言。我国为洋学生者，未始无美材，

留洋学生译弊多端

然皆童年，未尝学问，粗知文理，既通洋文，则有先入为主，于中学格不相入，又即此可希利禄，则一意以习洋学，誉洋法为宗旨，胸中本无理，求其考究彼国事理得失，固如戴盆望天，即译言亦多比拟不伦，抑扬失旨。至

译其书与论，尤多郢书燕说。夫翻译与训诂是一事，故绝代语释，即别国方言，必通训诂，始能译书。必译其书，始能知其政俗本末，艺术浅深。犹中国通俗文，而不知训诂者，于笔札尚不差谬，于说经则徒见支离也。言意支离，则事理隔膜，故讲洋务三十年，去其精华，袭其匡廓，徒有人心风俗之害，而不得富国强兵之利。其端甚微，而所关甚巨，不可忽也。

埃及文字西文之祖

梵字旁行主音，与西文为一派。中文直行主形，与埃及文为一派。埃及为西方文字之祖，其兴在夏商间。中国开辟最先，有结绳传音（结绳之治当略，如外国字母，以数形转移，相结传音），易之以书契；外国开辟晚，先由中国流传书契，后易以点画传音。《周礼》“外史掌达书，名于四方”，即同文敷教之事，故名教之兴自近而远。西国博士，多考求埃及古文。在英识一博士密腊，与议制通行各国字典，以中国古文为主，间采合埃及古文，曾拟条例遗之，密是其言。

博士密腊

西教废人伦教士言孝友

西教废人伦，而教士亦喜言孝友。盖人性自然，亦由教士多游中国，耳目濡染，良知不昧，则耻不若人。且既以劝人相爱为宗，即不能自忘所爱，故以其教论，宜若为教士者，视其亲较平人薄，而反视平人厚。常有父子兄弟叔侄相依同居，岁时谨视所亲坟墓，以影附于重人伦，而独辟祭祀拜跪之节，以合耶稣宗旨。此外则世爵传长，自古相沿，父子之间，有亲厚意。又贫人作苦，父子相依者略半，但异财耳。其次则由书院出身，以学名家者，亦往往子绍父业，有箕裘之意（如律法医工艺，皆以学名者）。惟商与粗工匠及充衙署公人，若司计，若工兵，为各色经手；若租房，若雇佣（西俗，凡一事，皆有一项经手人）诸等，则各不相顾为多。其仕宦则视其出身，与其境地，大要由书院出身者，气习与名教近；由商贾公人出身者，气习与名教远。其境遇富厚，则有夏风，其偃蹇则各不相谋矣。西俗重夫妇，以为人之本，而其说谓男女同权，女子成人，自结男友，于友中自择配，先通而后娶，中间如相弃，以女为主妇，惟食夫之食，馀皆不同财，各有其所有。生子女，幼时则父食之，母衣之，至成人则例当异居。富人亦多分财与子女，且出财送而之学，如夏风。中人之家，则父母责子女月出财若干，为附炊之资，不问所从来也。

男女同权

谈洋务，只在论今，不在考古。西国之富强首推英，而其勃兴只在百年内。道光二年，英迦宁为相①，罗宾森掌度支，墨斯基逊掌商务，谋除苛政，令四方食货流通，建轮船公司，往来各国。道光十八年，轮船始渡大西洋，而商务益畅。由此极力推广，专用意于货物流通，聚他国之财以为财。美国觅得旧金山金矿，英国又于澳大利亚觅得新金山金矿，用之以招商劝工，而举国鼓动，遂为诸国

西国富强首推英国

英相迦宁（George Canning）

①道光二年，英国在位首相为利物浦伯爵罗伯特·班克斯·詹金逊，而与“迦宁”音近之乔治·坎宁（George Canning）1827年（道光七年）在位。疑有误。

之开先，蒸蒸日富，遂不可遏，则在道光二十八年，距今六十年耳。推究其前，则彼书云“一千八百年”，即中国嘉庆五年，各式机器，始具规模。乾隆十五年，始制毛毯。康熙五年，始贩中国茶叶。顺治八年，始定市舶赋税。明万历二十二年，始设银行。明洪武十七年，始设商船律法。元武宗至大元年，始铸银钱，兴汇票。由其初草创，至今六百年间耳。

泰西富强要在兴工

泰西之富强，其要领在兴工。无论街衢桥梁，宫室车辇，器用服物，悉出于工。即铁路电信，火车轮船，铁路海堤，炮台枪炮，鱼雷鱼艇快船，凡诸守战之备，无非恃工铸精良。其事本非甚难，其效原不待久，故五十年间，遍行泰西诸国。其用以铁为大宗，辅之以铜，无论铁路铁船，铁桥机器，枪炮战具，皆取用于铁。即园林宫室，舟船之栏楯，水火之筒管，马车火车之轮辋，炊爨粪除提汲之具，至于床椅，一以铁为之。其次则土木石木之用于宫室楼楣为多，馀略与中国相等。土石之工，则胜中国十倍，无论海堤炮台铁路基址，不惮财力，岁岁经营，即街衢宫室，处处皆求整齐，坚固华美。日新月异，继长增高，时时修治，无有朽坏，故贫民食业于土工石工者最多。次则皮毛与丝棉麻、机厂之皮带、马车之容垫，与坐具箱笼，大小夹袋鞮鞻，皆取用于皮。室中重帘，冬衣之毡褐，皆取织于毛。丝棉之用，与中国相等。麻取于中国，用机缫绩织者如丝，以织地衣桌毯疏帘，家消户用。麻产中国，值贱而用不广。毛在中国为弃物，而彼取用广

兴工之用铁为大宗

麻毛使用中不如西

于丝棉。又次则玻璃与陶器，无窗不用玻璃，车栈、园林多以玻璃为屋。平人之居，每室必有大镜。杯盂盘盎之属，玻璃二之，陶器一之。溺器厕牏，皆用细磁。陶之用亦广于中国，无粗陶瓦器，其楛者则以马口铁为之。惟食物最寡，远不如中国，以非工所出，农无厚利，蔬材不出。俗不食海味，海错弃而不取。其富皆出于工，劝工之枢纽在钱币。假如钱之数少，无论公家无力兴一切大工，即持钱易物，民间亦周转不及。钱币之数少，则楛窳之物应之。此自然之势。故用金为常币，银为次币，以歆动其民，令工自劝，而器不楛窳。既铸金钱，以轻御重，私采而官铸，其来益广，而事不纷（钱皆机器铸，其工烦重，安置汽机，须广场，程须极大，故私铸不兴）。禁用他国钱币，他国金银入境，权其轻重，与采诸矿场者同价。铸场收买，煎剂而更铸之。金磅银钱皆七成有奇，以一成当工用成本，辅以钞票。虚票常当实币十之二三。公家财力既饶，始能兴举大工，鼓动民力。雇工利不厚，亦不能劝，故设特许一例，令工有能新制一器，利于公家，便于民用者，保其专鬻，酌定年限，至暂以十年为准。由此以工致富者多，心思才力，毕萃于此，新益求新。自来水火之便，铁路火车、电车电信之速，罐钢栗药塞门土之坚猛，各种汽机成器之速巧，各种师船枪炮之振奇，皆出于劝工之事。良工之心思技艺，实启于十年专利之心。谈西学者，谓士大夫须讲求化学，乃掇拾彼族文饰之谈，实犹隔膜之论也。今为中国策富强，但须开矿禁，听民自采

玻璃陶磁广泛应用

劝工枢纽在钱币

良工技艺专利之心

金，而官收买，更铸钱币，亦以金为上币，银为次币，收旧铜钱，改铸新钱，令其式精良，而贵其价，大约金三品以次而差，无过十五换，以鼓铸所入为兴工官本。除用汽机之禁，举行特许之例，但仿此二事，将不出二十年，而西人之长技，皆为我有矣。

师人长技为我所有

外国理财开源畅流

中国言理财，主开源节流。外国言理财，主开源畅流。假如工作精良，而贾用不售，则百物壅滞，工之利日渐衰，而器亦渐楛窳，故其俗尚奢。其用有三术。一先修治街衢道路令整洁，饰车马使华美，耳目一新，使人乐于行游。其地相距或远，往返费时，行者亦倦，转货维艰，器多滞鬻，故为之铁路电轮，使人乐其便速，数数往返，不以为难。一修园林，设博物油画腊人诸院，彩戏踏歌，马戏蹴鞠鞦鞑等场，茶会讲会，舞会乐会等局，局局翻新，随人所好，使人转相酬酢，输钱之数，皆有平准。一修治宫室整齐华美，由市场最盛之区起度，以次周围，渐远而差，屋皆精舍，楼皆五层，繁会之区，非富人不便居此。室既华莞，室中陈设地衣，窗帘帷幕，几榻屏橱，梯毯桌毡之属与屋相称。而用物宏，耳目相形，豪奢相竞，久而去市会远乡，亦染习成风，故器物之陈愈多，而消用亦愈广。街税，铁路税，车马税，房税，市税，皆取之极重，而一切皆用之于修街，治铁道，车栈车厂，建会场，浚阴沟等土木铁石之工，岁无虚日，公财公用，国家一无所取，故法行而俗与之化。所谓开源畅流，其注意收效者，一言以蔽，兴工劝工而已。

修治街衢

修园林等

修治宫室

兴工劝工开源畅流

外国夸富尚奢，先从整顿地面起，度街面皆中为车路，两旁为行路，车路砌以碎石，行路砌以平石，行路下为阴沟，夹道屋宇，皆令平齐，遇有隙地，则为之木栏，或铁楯，围作园林，中植草树，遇九达之逵，中馀弧度。其地虽可靠屋，而难取平齐，亦随其地形诘屈，围作园林。既取地面整齐，又便行路休憩，附近居人游衍。沿街周列路灯，遍置洒扫点灯诸工役，而巡捕董之。比屋粪除尘秽，则有工役驱栈车，每日清晨周巡，比户为之接运。皆分地段，董于巡捕。凡造宫室，必安自来水火管，厕牏皆安磁盂，有自来水管牵机，以供涤濯，浴室亦然。公财公用，则铺张地面者，不厌其奢；私财私用，则布置宫中者，事为之制。两端既立，虽民间之贫富不齐自若，而行其途，视其宇，则殷富之象，灿溢目前，况先有整洁之质地，光辉之灯火以引民耳目，自然踵事增华，不期然而然矣。

街道建设

外国之民，分业而居。农居于乡无论矣，工作厂亦多在乡，工环而处。其工之居在都市者，亦别分一地段。工厂主与大商，同为富人，则所居在市场盛处，皆有别墅在乡，其世爵皆有庄园，大者方广数里。有宅在国都，如《周礼》廛里之制，率半岁居乡，半岁居廛。庄园有数区者，必数易居，岁偏其处。惟贫贱者始常其居。庄业饶者，必以冬时徙宅在乡休息。人自为等，居分地段，故屋租物价，易地不同。富者就饶地，贫者就俭地。入财倍蓰者，出财亦倍蓰，市业亦然。同业者并居一地段，因其业

外国之民分业而居

之衰旺以定市租。不能并居一地者，如茶寮面铺之属，则联为一公司，取税均平而贫人得以食贱，故人各安其业。

议士为彼国之贤能，文士、律士、艺士、医士，为彼国之俊秀，教士则彼国之善良也。议士主国政兴替，文士主文史，律士主讼狱，艺士主制造，医士主卫民生，教士主风俗教化。国内之治，举备于此。政府百官，但主参议，监察施行，以时整齐法度而已。贵士使能，如何不治？特其教无本源，无以决嫌疑明是非，举国所尚，归于权柄利益两途，不免鄙陋。因而举国怀利相接，无恩义可言，诈而无情，争而不让。其俗亦号称尚信，但因谋事治生，利害所系而然，非真尚也。同类共事，利害相关则引为朋党，利害不相及则去之。其党分合无常，倾轧甚力，彼亦自知其然，则一切整齐之法律特密。凡造言毁谤、恶语怒詈，其人得控于有司，按治谤詈之罪。故其人多心竞而少谤言，有争论而无怒詈。

贵士使能

教无本源 归于权利

欧人于事涉权利者，毫末不让，而有服善之公。由其法密，剖析毫芒。两人交涉，各有律师相持，以争止争。虽欲矫为不服，而无所遁。视型仁讲让之风，固卑无高论，然今中国教弛俗敝，以争为己，而以让责人，反不如彼之毫末必争、是非必辨也。

以争止争 中不如欧

欧洲钱币浮于物。其金钱一枚，实仅敌中国银一两之用。国重商而俗平等，故多兼并，而无豪强敌国之富，所在常有其弊也。通伦敦咖啡馆，并为一公司；通英国糖厂，归一家之业。国中上户下户多，而中户少。重税烟

重商之弊

酒，名为取有馀，禁无益，而嗜好所在，贫人不因价重减食。户租水火税重，平人为人司书算经纪贸易者，若月得钱八磅左右，房租当费四磅，烟酒当费二磅，以二磅供一家三四口，实为艰食。再，贫者率无室家，数人共租一室。有穷民院，禁游惰行乞，诚良法，然院中饮啄亦薄，故行乞者恒有。必操风琴、吹笛、牵犬，幼子则持引光，妇人则持花以求售，为行乞。俗豪奢，贫富相形太悬绝，常有贾人小贩，生业亏折，佣工失其执事，辄自戕投海，并杀其幼子若女。于是废国法、均贫富之党，激于不平而起，而贫不乐生者，相约有自尽之会矣。

西俗豪奢 贫富悬绝

西俗男女均权。女自择配，皆有男友。婚姻不论年，多取长妻，尤喜寡妇，平等人多娉合。即上等妇人，亦不禁外私。新闻报乃有五男争娼，共杀一妇，烹而分食之异事。由彼教毋夺人权一语启之。名教之精微，乃不可议矣。

男女均权 颇多异闻

兼并盛而贫民日多，此外域重商保利权之弊，不可不察。英行新法才数十年，民部遂有贫民部之号，以除工商外，皆贫民也。民举振恤官，掌养贫乏，分社而治之，英语谓之由吝爬里司，大者自为一社，小者合数域为一社。

贫民部

采风记第四

教门

西教派别

西方袄教，其流六七，其始同源，皆托于造化主宰，而衍以神奇。其大宗分回教、西教两种。两种之中，各分支派。西教则分天主（亦曰公教，西名加特力），耶稣（亦曰修教，亦曰救世教，亦曰辨驳教，西名罗特士顿），希腊（亦曰额利，亦曰厄勒西亚，亦曰额里士），景教（亦曰波斯教，亦曰太阳火教，亦曰火袄教，西语旧称尔厘利景，入中国以其末字为称，唐时大秦寺牌，所谓景教也）。四种统名克力斯顿教。回教则分由斯（亦曰由教，即西域婆罗门旧教），马哈墨（即穆罕墨德教，亦曰天方），比阿厘三种。现时欧洲所行，惟此两教。互相仇嫉攻伐，回教诸国渐就衰微，西教则天主、耶稣、希腊为最

四教统称克里斯顿（基督教）

回教三种

盛，服教者皆强国，彼教即以为神佑之征。盖其立教根原自始相承，以敬天祈福为宗旨，以翦除异教，遍传万国为归宿，故乘势煽动，推波扬澜，不遗馀力。彼教既藉国势以推行，诸国亦藉教力为合纵，巧于附会剽窃，专务其教之行，不惜其说之变，其始终不易者，惟号有全能造化主宰，为立教之根。此外条律，因地推移，随时修改，务顺人情，故从之者如水赴壑。回教惟东西土耳基、阿剌伯及俄属之高加索路五部。多木斯科、日尔日亚、是尔湾等部，回人奉之，不足与之抗衡。西人心果气锐，好夸争胜，是其本姓，益以摩西受诫，禁祀别神。耶稣及其门徒，以身殉教，誓欲遍传国土。其人心聚而不散，持而愈坚（西人李提摩太书言所传及今已二百国。西人论教书，有“请看今日之域中，竟是谁家之教化”之语），佐以天文、格物、光电、音化诸学，举中国古圣所传三光五行、阴阳四方、五官七情、四端、五音六律诸条，悉行改驳。而援引六经敬天事上帝之文，以为造化主宰之证，处心积虑，在行其教于中国。其源出于犹太旧教，参合波斯婆罗门而力攻旧教。教皇既立，遂灭犹太波斯。耶稣本兼采佛氏遗言，路得以后，极力排佛，而锡兰、印度、缅甸次第为英所灭，利、艾东来以后，又窃取中国圣言以攻中国名教，所谓异端之尤，黠盗之魁。今佛教仅存西藏及外蒙古诸部，皆赖中国以幸存。回教仅存于土耳其，已危不自保，知中国不能骤变，尤并力与中国为难。前明徐光启、李之藻、李天经、冯应京、樊良枢、杨廷筠、李祖白等，

造化主宰立教之根

耶稣教派

利艾东来窃取圣言异端之尤

皆习其教，为之作序著书，邪说诬民，非圣无法。今西人通汉文者，皆引申其说，以排名教，其言甚辩，其势甚张，不可不距。我朝士夫，不睹其书，以为不足深辩，惟杨光先《辟邪论》，魏源《天主教考》，略具梗概。然光先书未析源流，魏源未攻要害。今至西国，求得其《旧约书》（魏源考所列惟《新约书》，其言较雅，故译传中国。《旧约书》义多俚野，故彼教不欲令异教人见，其教根原，悉具是书），参以史传及诸家所论列，分类以著于篇。

杨光先 魏源

旧约全书 创世记

《旧约全书》：曰创世记第一。其书言神造天地日月、万物及人。始造一男一女，男名亚当，女名厄袜（一作夏娃）。亚当一百三十岁，生子塞特亚当，在世九百三十岁乃死。塞特一百零五岁，生以挪士，以挪士九十岁生该南，该南七十岁生马勒列，马勒列六十五岁生雅列，雅列一百六十二岁生以诺，以诺六十五岁生玛士撒拉，玛士撒拉一百八十七岁生拉麦，拉麦一百八十二岁生挪亚，挪亚五百岁生闪含雅弗。又一百年，计一千六百年，神见人心向恶，特降洪水，惟挪亚事奉神，神命挪亚造方舟，闭藏四十日，以免洪水之难。闪含雅弗一百岁生亚法撒，亚法撒三十五岁生撒拉，撒拉三十岁生希百，希百三十四岁生法勒，法勒三十岁生拉吴，拉吴三十二岁生撒鹿，撒鹿三十岁生拿鹤，拿鹤二十九岁生他拉，他拉七十岁生亚伯兰。他拉在世二百零五岁。自亚当至他拉，寿皆数百岁，计二千一百八十一年。亚伯兰即亚伯拉罕，始有神显现。

亚伯拉罕为之筑坛，行割礼，献燔祭。亚伯拉罕一百岁生以撒，以撒六十岁生以扫雅各，雅各生约瑟，但言年已老迈，不计时若干岁。雅各一百四十岁死，约瑟百一十岁死，约计三百馀年。自亚伯拉罕迁迦南，世代相承，俱事神献祭，受割礼祈福。自雅各始迁伯特利，始受神传言，除去外邦偶象。自约瑟始迁于埃及，其后子孙众多，为埃及人所嫉，役以苦工。雅各之子、约瑟之兄利未，其后生摩西，不计年岁，惟有代数。利未生哥辖，哥辖生暗兰，暗兰生摩西。利未、哥辖、暗兰皆一百三十馀数，约计其时亦不过三百年，然则摩西之出在彼，只距开辟二千五六百年。由耶稣降生，逆考摩西出世，当中国商朝时。尧以前虽无年纪，而伏羲、神农、燧人、黄帝、太昊、少昊、颛顼、帝倍见于《大传》《大戴礼记》《史记》者，约略其世次年代，在三千年外，益以唐虞夏又六百馀年，与彼所纪开辟年代万不相合。其言率荒诞无理，如云当亚挪时，天下言语相同，因人作砖，取石油建城筑台，神便降临，恐人语音相同，连合一处，妄有作为，遂变乱五方语音，使人散居各处；又云上帝见世人女子美貌，即择其尤者娶以为妻，后来上帝与世人女子交合生子，即上古英武有名之人。据言未发洪水以前，惟有彼族，既降洪水以后，惟留彼族挪亚一支，则所谓上古英武有名者何自而来？亚伯拉罕到埃及，埃及即有王称为法老。时又有示拿等四国王，所多马等国五王，争战于西亭谷；又有撒冷王麦基洗德为至上上帝祭司，与亚伯拉罕祝福，皆非彼族之

亚伯拉罕

摩西

荒诞无理

人，更非挪亚之裔，又何从而有？此书之作，在摩西以前，或即摩西所作。不过欲以其教统一其族类，与别族争强，原不敢望以其教遍地球国土，故不妨亚当子孙之外，别有人类。其后变本加厉，至谓天下之人，皆亚当子孙，中国之信从彼教者从而附和之，乃至狂澜日肆，居之不疑。如其言信而有征，则彼教之言，天所命也，虽有圣人，岂能自外于天？虽有久行之名教，岂能独背其祖？则当率天下而归之耳。是乌容存而不论乎？

出埃及记

出埃及记第二。其言记摩西领其族众出埃及之始末。埃及人忌雅各之族繁盛，令作苦工，生男不举。摩西既生，其母藏之三月，度不能隐，盛以苇箱，浮之河滨。法老之女出浴，见而收之。其母诡为乳母，入法老宫鞠养。摩西长而慧勇，为其族报仇，杀人逃之米甸，米甸人招以为婿。神从荆棘火焰中现示，命以领其族众出埃及，赐以良田美土，令其子孙众多。被神默佑，能引杖化蛇，打水变血，挥土成虱。种种异术，以警动法老。又呼风使雹，使蝗飞蔽天，伤禾拔木，扬尘着体，即生疮痏。最后使天黑暗三日，瘟疫流行，一日夜，自法老至奴婢所生长子皆死。法老始允摩西领群族工人出境。神令男向其友，女向其邻，索牲畜财帛以为祈祷。民众既出埃及，皆持兵械，按队伍，往红海旷野而行。其后埃及王悔，以兵追之。行至无水处，三月无肉食，民众皆怨摩西，欲叛去。皆以请命于神，离于苦难。行三月至西，乃山旷野，就地安营。神召摩西上山受诫，命放大火光，发大声音，勒文石碑，藏之金匮。摩西独在山上四十日，下宣诫命，筑坛立幕，分其部十二支派，立十二石柱，设十条之约，定献祭之礼，制为奉献祭礼衣，立其兄亚伦为祭司长。是为彼教立国之始。其后寻衅侵伐邻近诸国，皆托于神命。摩西安营旷野四十年，神预示以所取诸地，未竟其言而殁。察摩西所行，实以异术佐其雄略，虐待异族，夷国类然。彼族起自衰微，服役埃及，不堪其虐，摩西既得异术，慨然发愤，起自草莽，欲振兴其族，率而他徙，求旷土而居之。以其支派编为部落，设立祭司以为官长，定祭献以为赋税，以条诫为律例，而身托于上帝传命，自称上帝仆人。十条之诫约，首禁奉祀别神，末禁婚姻他族，此其统一部落之机权，争雄他族之胜算。盖辍耕陇上之流，而知略过之，借教以固人心，而非以传教为宗旨。其传上帝命，必先言我从若辈为奴之埃及领汝出此，即摩西自作之语，以要结人心。诫条有云：人若相争殴，仅只卧床，杖而能起，打者免死，但须用银赔补，请医调治；人若打仆婢立毙，自当偿命，如一二日方死免偿。因是用银所买人，若打坏仆婢，一目一牙，当以此故令其脱籍。人若遇贼挖墙，将贼打死，不必偿命，若日头已出，打死须偿。如此十数条，皆其治部落律例（罗马律例，即本摩西诫条，今西国通行皆罗马律），绝不似神诫之语。又行分派礼，神令凡头胎牲畜，俱当献主，成为圣物。凡献祭羊牛，胸与腿归与亚伦及其子孙，行赎命法。神云清以色列人数，每人当出银半舍客勒（原注：每一舍客勒四钱一分），献

托于神命兴教立国

摩西诫条

与主为赎命银。汝当收受，为会幕诸用。此郑伯使祖射颍考叔者，伍出鸡犬，因以犒师之故智，亦五斗米之宗风也。当摩西在山受诫，众不知其所为，其兄亚伦在山下管领部落。众欲赛神，请于亚伦，亚伦命各取妻女耳环，亚伦以之铸成一犊，正献祭讫饮酒，神告摩西，民犯诫律当诛。于是摩西下山，中营而立，告于众曰："凡事奉耶和华上帝者皆就我。"利未族皆就摩西。摩西使利未族杀祀牛犊者三千人，此徙木行法之术，且因此以翦除异己耳。厥后耶稣行教，推本摩西者，以其先传十诫。其实耶稣乃参合释氏、墨式而自成一家，专意行教。惟托名神天，兼用小术，是述其宗风。后来传教之徒，但称耶稣，不述摩西也。

利未记　利未记第三。详言献祭之礼与祭物，分别食物洁与不洁，洁者可食，不洁者不可食；详辨人身洁不洁诸事，禁不洁者。不得至会幕而尤斤斤于癞，以至被褥床几、宫室墙壁，凡见斑痕，皆谓为癞，即行毁弃。申禁与骨肉六亲淫律，禁人与兽交，禁身刻花纹。定许愿出赎身银数及以房田献主，折价收赎银数。平时树果牲畜，皆十而取一。

民数略记　民数略记第四。言主在西，乃按数点名，凡二十岁以上能临阵者，俱为编伍，每支择一人为其牧伯，即为其军统领，共得六十万三千五百五十人，在幕四围安营。又令三十岁至五十岁凡能作工者，俱赴会幕服工役，共得一万五千一百六十人。制号筒，定军伍进退之令，遂进攻迦南等地。其间众心屡叛，神屡显灵异：天降玛喇以为粮，降火降瘟以诛叛，令枯枝生花，作铜蛇疗毒种种奇幻。

申命记第五。言摩西申上帝之命，立千夫长、百夫长、五十夫长、十夫长，立士师听讼，禁阉者不入会，私 申命记
子不入会；禁女为妓女、男为顽童；定弟兄同居死者，其兄弟当娶死者之妻为妻，为之立后；定新婚者一年，不出兵；定收获田间遗穗不取，以给孤寡。摩西一百二十岁死。在摩押以色列人，为摩西哀哭三十日。

约书亚记第六。记摩西死。约书亚代领民众攻取耶利 约书亚记
哥埃城，耶路撒冷诸国，分地安插各支始末。

士师记第七。言彼族与别族互相仇，迭胜迭衰诸事 士师记
迹，而附会于背主教、事别神即遭神谴，俾他族诛夷，复遵王命，得神佑护，又诛夷他族。彼时其族未立王，但有士师听讼，故称“士师记”。后更衰微。有参孙者，娶他族之女，邻里来贺。参孙以谜语与邻赌财物，谜为妻所泄，输去财物，参孙为神感动，即往杀与赌财物三十人，怒还父家，其妻别嫁。参孙向妇翁索妇，以此为娶妇家罪，捉三百狐狸，尾缚麻火，纵之娶妇村中，焚毁一村禾稼园舍，一村大怒，参孙逃去。村人焚其妇翁及参孙妻。于是参孙纠其族报仇，杀彼族一千人。参孙遂为士师。似此凶徒，皆以为神感，诚诞妄不经之书也。

路得记第八。记一妇人名路得，夫死家落，始终从姑 路得记
不去。其族有富而善者，怜其志意，取以为妻，为其故夫赎田立后。

撒母耳前书第九。言神默示撒母耳，立为先知，兼作 撒母耳前书

士师。其后彼族欲立王，以抗衡列国，请于撒母耳。撒母耳告主神，神命撒母耳，以膏抹扫罗之首，立以为王。其后扫罗犯诫，神将降罚，心烦意乱，求弹琴者为之解愁，遂有大辟，为扫罗常侍。时有非利士人来攻，一勇士身高八尺，数来讨战，无敢与斗。大辟自请擒之，遂杀勇士，非利人大败。军回，男女欢歌。有云扫罗杀千千，大辟杀万万。扫罗大怒，欲杀大辟，大辟逃去，扫罗怒诸祭司放大辟逃去，杀祭司八十五人。此后扫罗不为神佑，与非利士人战，中箭重伤，令人以刀杀己，遂死。杀者走告大辟，大辟诛杀者。

撒母耳后书　撒母耳后书第十。言大辟攻取希伯仑地，为希伯仑王。扫罗家与大辟互相争战，扫罗家益衰，大辟遂为以色列王。其后大辟子押龙沙作乱，大辟遁于荒野。国人杀押龙沙，大辟复位。自大辟始为诗歌，王位世及。

列王纪略　列王纪略第十一。纪大辟子、所罗门以降，历代为王治国之事。自所罗门始为上帝造殿，其教浸昌。

历代志略　历代志略第十二。载彼族世系支派，兼杂记列王事迹。每举其王听先知传语，毁别邦神像，则战胜攻取，或享太平。某王时，民间事偶像，拜某神，则立遭异国屠戮。大略因其成败，从而为之词。至记亚撒王末年，因先见于狱，有病但问医，不求主，亦不言更降何罚。则其教之不足自信，亦难于遁饰矣。

以斯喇书　以斯喇书第十三。尼希米书第十四。言其族被虏巴比伦，与别族为婚。文士以斯喇、祭司尼希米，请于巴比伦大乌利王，听其族各回旧居，兴建上帝殿宇，重申诫约，与别族离婚始末。

以斯帖书第十五。记以斯帖为亚哈随鲁王后，兴复其族。彼教禁婚他族，当以斯喇时，令已婚皆离异。今以斯帖为异族王后，则侈为美谈，自相矛盾。 以斯帖书

约百记第十六。记约百行善遇祸，与其友辨难之语意。以有身为患，近老氏之旨，与诸篇不同。 约百记

诗篇第十七。皆赞诵天主之词，或遭难吁天悔过之语。

箴言第十八。略如语录家格言。

传道之书第十九。其言与诸篇异。谓凡事皆属空虚，颇近释氏，而归结人世享用与劳苦责任，皆上帝所定，故仍列在此书。

雅歌第二十。则言男女之爱，如词曲之流。

以赛亚书第二十一。耶利米记第二十二。耶利米哀歌第二十三。以西结书第二十四。但以理书第二十五。何西阿书第二十六。约珥书第二十七。亚么斯书第二十八。阿巴底亚书第二十九。约拿书第三十。弥迦书第三十一。那鸿书第三十二。哈巴谷书第三十三。西番雅书第三十四。哈咳书第三十五。撒加利亚书第三十六。马拉基书第三十七。皆被虏巴比伦以后，先知得默示，作豫言以劝诫其族。不外诅咒异教，祈祷天主，曼衍支离，益不足观。 以赛亚书

十诫者：一诫奉祀别神；二诫不可为神为己及异邦之神雕刻偶像；三守安息日，一心敬主，不可作一切事业； 十诫

四禁拜日月星辰，不可轻引神名发誓；五敬尔父母；六毋杀人；七毋奸人之妻；八毋盗；九毋妄证尔邻；十毋夺人之权利。

当亚伯拉罕时，已筑祭坛，献燔祭。由摩西逆溯亚伯拉罕，不及四百年，则当夏后氏之代。筑坛燔柴，皆古祀天之礼，见于尧典，此必自中土流传。其书称天使称神人，而亚伯拉罕所遇，为设饮食，与人无异。后书亦称摩西为神人，则所谓神人，亦祭司先知之流。传神语者，非鬼神也。考其地在布哈尔、阿当汗、波斯之间（“创世记”称，五王战于西亭谷，注即咸海），去中土尤近。其时在夏，中国礼教已历数百年。其托名天帝固诬，然祷祠之始，即知筑坛燔祭，必有所以启之。神使传言，其词近实。审其教律，实与巫同。《国语》观射父说“少皞之衰，九黎乱德，民神杂糅……家为巫史……颛顼受之，乃命南正重司天以属神，命火正黎司地以属民，使复旧常，无相侵渎”，此巫教之最古者，始自苗民。《吕刑》“苗民弗用灵”，郑康成说：苗民九黎之君。颛顼伐少皞，诛九黎，分流其子孙，居于西裔者为三苗。至高辛之衰，又复九黎之恶，尧兴又诛之。尧末又在朝，舜又窜之。禹摄位，又逆命，禹又诛之。穆王恶此族三生凶恶，故著其氏而谓之民。帝典“窜三苗于三危”，司马迁云“迁三苗于三危，以变西戎”，又曰“分比三苗”；郑曰“三苗为西裔诸侯犹为恶，乃复分析流之”。是三苗之兴，最先独好巫鬼，至为梗化。故四凶皆只一迁，而三苗尚烦再徙，其

尚书·吕刑

放流之地当极远。西人纵非有苗之裔，其教碻为九黎之遗。所谓天使神人者，其为苗氏之巫无疑也。分背之时，盖其族已逾流沙，析居咸海，去亚伯拉罕之时未几。曼衍流传，神人杂糅之教，遂行于西土矣。 天使神人苗氏之巫

摩西当中国商朝而述诫首禁拜祀偶像，于时中土并无偶像，而其书言所仇之邦有巴力大衮亚斯大绿诸偶像神名，又有拜蛇虫鸟兽以为神者。盖上古人形未一，如《山经》所志，神多异状，墨子称句芒鸟身人首，疑亦九黎巫教。神人杂糅，各媚所事，以求福荫。诸国所祀与九黎并兴，或亦分背三苗时，其巫师分散行术，西戎与摩西教祖本同源而分流，争为长雄。故神巫传言，必以此为首诫。至其禁拜日月星辰卜筮，所以坚人信心，附会证成肇造天地之说，而摩西用之，又以防入笠之招，而为背水之阵也。 禁祀偶像

禁咒变幻，皆古巫术。摩西领众出埃及，作各种术，而埃及法老亦有术士，能作诸术。相斗不胜，则其术有优绌耳。惟七日安息，不知所本。在英有东洋人，赠以西历，用日月五星注其日主，凡礼拜皆日值辰，故日本人即译礼拜为日曜。考波斯教为太阳火教，其教亦称天主而拜日。波斯在西之东，弥近中土，度苗民窜居西裔，巫教先及波斯，摩西用其拜日之辰，以为燔祭之日，而讳所从来，禁拜日月，以别异于波斯之教。至其割礼，则尤为荒诞不经矣。 禁咒变幻皆古巫术

十诫敬父母以下六条，甚合于理。原书并有详细条 敬父母等甚合于理

例，云打父母者杀，骂父母者杀，奸后母者为辱父，奸母之姊妹者为辱母，奸姊妹者为辱父母，奸父之姊妹为辱父，皆杀之。在室奸者男女皆杀，在野奸者杀男留女，已出妇不可娶回。女在家不贞，已适人发觉者杀女。似深明父子之亲、夫妇之别。而在摩西前载在《创世记》者，有翁与媳生子，父与女生子，未言天神降谴，叙之世系，视若当然。可见摩西以前，其族本属狉獉，摩西虽才略过人，仍属草泽杀掠本色，而立部旷野，首重彝伦，当必有所从受。九黎古诸侯所谓乱德，不过崇信巫尪，未常不分伦理，故其遗教未坠华风。五教既敷，早已放乎四海，特未能悉遵而行。迁流既久，彼教之邪说盛，而正理反衰。今西夷无知妄作，修改律例，父子相殴，罪皆三月坐监，女子自主择夫，先淫后配，弃夫改适，不为失行，虽有淫恶妇无出例。此则耶稣以降日出日之卮言，不如摩西之约法也。

首重彝伦必有所从

巫教最古，颛顼诛九黎，舜窜三苗，而其教流传西裔，自近而远，由印度首及波斯。佛教未兴以前，印度有婆罗门天祠，转入波斯，为波斯景教，由波斯转入犹太，为犹太婆罗门教。亚伯拉罕之兴，盖在波斯之后，犹太之前。绝域自古未通，其文字八变，而为今日泰西各国之文，又转译为华言，不啻重九译，三豕渡河，易滋燕郢，无从取证载籍。惟其书言洪水，回教书亦言洪水。由亚伯拉罕上溯洪水约五百年，两教所言同时，较可征信，即为尧时洪水无疑。然则亚伯拉罕时，当夏之末造，摩西时，

教派流传之推演

当商之中叶。夏启晚年德荒，亦崇巫术，故夏道尚忠，其失也鬼。墨子述夏道，而数称天鬼。殷巫咸初作巫，盖始立巫官以司神事，与摩西之兴相去未久。《周礼》亦有巫官，沿二代之旧典，特不甚重。又有夏祝商祝，皆司丧事祈祷。自颛顼废九黎，尧舜禹分窜三苗，而巫教萌芽于西。夏商颇崇九黎遗教，周重卜筮，修祀典，巫犹存而不废。孔子祖述尧舜，宪章文武，不述夏商，故言夏殷不足征。名教既兴，巫遂微于中邦，而转盛于西域。其书重数译，而其中事物有与古书印合者，足为教自中土流传之碻证。《创世记》以一尺为一肘，尺字从尸，以肘起度。《说文》中云：妇人舒臂八寸为咫，证一。祭用燔柴，证二。祭天筑坛，证三。祭时取膏荐血，即《诗》所谓"血膋"，《礼》所谓"合臭达阴"，证四。服有比疏，注谓极细之布，贵人乃得服，即《礼》所谓素积朝服，十五升布，证五。重长子名分即古宗法，证六。《出埃及记》制礼衣，皆大袖广裾革带，略如三代服制，证七。诫条祭肉出三日则不食，证八。新婚者一年不从征，证九。田中收获遗穗不可取，以畀寡妇，证十。此三事，一见《论语》，一见《礼记》，一见《诗》，疑皆自古相传之通例，诗人取以托咏，七十子后学，笔而录之，故能吻合。树果牲畜，取十一之税，证十一。禁占卜，可知其时，有卜筮，证十二。禁祀日月星辰，可知其时祀日月星辰，证十三。雅各死时，诸子哭泣七十日，夏丧三月，约略相同，证十四。凶事服麻衣素带，与衰绖相近，证十

西教传自中土之证

五。至于禁人与兽交，可知旧传狼种狗种之说不诬；禁身刻花纹，可知其时雕题文身之俗犹在。亚伯拉罕时，诸国已有王；约瑟时，埃及有膳长酒政；摩西时，埃及有术士议士。可见彼族之兴，较西戎诸侯最后。其奉神为主，专取九黎巫教之遗，而草创制度，杂见夏商古时之法，耶稣以前纯为巫教，耶稣则缘巫教之事天祷疾，而兼窃佛氏之舍身度世、不生不灭、天堂地狱之说，别演新教。细考前后踪迹，显然无由遁饰矣。

婆罗门教

巫教西行，始为印度婆罗门教。佛经有婆罗门天祠，斥为外道，此在佛教未兴以前流传。先及波斯，为太阳火教，礼报天而主日。九黎巫教本少皞诸侯，崇巫事天，仍沿报天主日之义，故波斯衍其教，法主拜太阳，谓之景教，西语称尔厘来景，译犹言光也。由波斯转传犹太，时距不远，亚伯拉罕生于其间。由波斯传犹太，时即已覃及埃及、阿刺伯、希腊、东土耳基，其源滥觞，未分门户。当亚伯拉罕时，即有撒冷王为至上上帝祭司，与亚伯拉罕祝福。巫家拜天，原各依一神为主，因所奉之神各异，故末流之派遂分，即《创世记》所称上帝，亦每言亚伯拉罕上帝，以撒上帝，以色列上帝。而《出埃及记》言，诸邦所奉，有大衮巴力亚斯大绿诸神，入主出奴，各争灵异，以色列之族遂不容于埃及。商之中叶，摩西起于埃及，斗术既盛，遂领其众，择旷地而居，至阿刺伯之西乃山，推崇主神，刻石传诫，作《创世记》，以证其神为上帝。张其教所从来，专令其族信从，尚未及于他族。此天

太阳火教

天主教别于婆罗门旧教之始

主教别于婆罗门旧教之始。佛生于周庄王时，历春秋秦汉，遂尽变五印度之婆罗门教，渐被波斯，而吐番、西藏等地，犹奉婆罗门教。唐陈玄奘使西域，经历各国之奉祀天神者，皆以为婆罗门种。自佛灭度，距耶稣出世六百年间，西国互相兴灭，迭为分合。其间异教者反相杂糅，同原者转分流派。波斯景教本古巫教之传为条支旧地，实回部之祖国，宜为回教所祖。而唐贞观间，大秦僧阿罗本将经像来献，诏立大秦寺，度僧二十一人，阅七朝，代宗建中二年，大秦寺僧景净述其缘起，撰景教流行碑。所贡经二十七部，无可考，而所贡之像，则三一妙身、无元真主阿罗诃，又有三一分身、景尊弥施阿。则三一妙身之母，碑中所云室女诞圣于大秦者也。所称既为佛号，纯是梵言，而室女诞圣乃述玛利亚生耶稣事。佛教既未入大秦，景教（即太阳火教）又与耶稣为二，曼衍支离，不可究诘。西人李提摩太书，言西国当中华周朝，如波斯、希腊、埃及、巴比伦等国，皆兼并地广，互相吞夷。后有罗马崛起，乃席卷诸国而灭之。罗马即大秦。考其席卷诸国当在秦时，慕中国之称，以大秦为号。佛灭度后，其教浸盛，先及波斯。波斯旧教为佛教所夺，诵其说，习其语，仿行其法，故有经像赞号，立寺度僧之事。及为罗马所并，东汉之末，天主教遍行，罗马至唐时教权正盛。罗马方兴，景教之徒因以梵语佛号加于耶稣母子，而统以大秦之国号（耶稣生于犹太，其教既行后，犹太已属大秦），仍冒景教之旧名（西人言尔厘利景，景教之古名，盖天

大秦寺

罗马崛起

主教原出于古巫教，亦一证也），故景教流行。碑言气水火土四行，则取于佛书，言判十字以定四方，则从天方教之说。此景教之参释氏，以合巫家，由回教以入天主之始末也。阿剌伯地在犹太、波斯之间，当波斯景教传入犹太，阿剌伯同受其传，各祀主神，不名一教。考回教书云，其教出于西印度之阿丹国，阿丹即今阿富汗，则在波斯东与波斯接境。孰先孰后，姑勿具论，要为九黎古巫氏之遗教，其出较亚伯拉罕稍前。教同源而人异族，当摩西未出以前，其教在埃及者，与以色列族为仇。摩西既兴，翦灭事别神诸国，则天主教盛而回教衰。及巴比伦王崛兴，原崇旧教，其地东至印度，西至古实，回教又盛而天主教衰。其后巴比伦大力乌王，信从以色列上帝，以色列族复居犹太，振兴神教，回族旧教由是亦述摩西。摩西上山受诫四十日，回教有四十日清斋。摩西诫不洁者，不可食豕兔等物，回教不食豕肉，此犹太教援天主以入回教，为两教别派之由来也。耶稣既兴，回教之在犹太者杀耶稣，在埃及、希腊、罗马者又杀其传教弟子。耶稣后三百年，罗马皇肯斯旦时势最强，地最广，东至波斯，巴比伦属焉，南至亚非利加，埃及属焉，北至欧洲中界，希腊属焉。肯斯旦崇信耶稣，则回教衰，而天主教又盛。埃及、希腊皆归天主教，而犹太一教界乎两教之间，于摩西则引而同之，于耶稣则别而异之。歧之中又有歧，此犹太教影附摩西，专背耶稣之分合踪迹也。罗马皇肯斯旦后三百年，在隋开皇时，而穆罕默德出。其后别为天方教，彼书

回教兴衰

天主教与回教盛衰互转情形

罗马皇帝肯斯旦（君士坦丁）

天方古史，言阿丹为治世之初祖，传二千年后洪水泛滥，有大圣努海受命治水。阿丹传施师，师传努海，海传易卜剌欣，欣传司马仪，仪传母撒，撒传达五德，德传尔撒，撒不得其传，六百年而后，穆罕默德生。俞正燮谓尔撒即耶稣之对音，以彼书目言穆罕默德，后耶稣六百年为证。然其教所遵行，有摩西旧诫而无耶稣新律，如七日礼拜，四十日清斋，不食豕驼肉之属。惟以十字为天方交线，有疑于十字架之饰词。考景教碑言“判十字以定四方”，《新约书》“耶稣常语使徒须背十字架从人子”，似非指被钉之十字架言，十字架为天方交线，正与景教碑意合，当即明造天地之旨，而耶稣被钉十字架，偶与之涉，彼徒衍说，认鼠为璞耳。其教由犹太衍传，特欲推彼族一人以为宗主，与耶稣无涉，此天方教出入依违之征验也。罗马教皇由盛而衰，在宋之末年。教皇移挪孙第三，欲除异己，特于罗马设一署，名为灭异端之署。其时希腊教众叛，罗马教王自立教会。至明末，教王益杀不辜，日耳曼人路得倡明教旨，力诋教王，欧洲北半仿希腊东教故事，自立教会，名救世原教。此耶稣教由天主教而别出之缘由也。 天方教 灭异端署

自摩西以巫开部落，自称上帝之仆为部长而别立祭司。摩西卒后，立祭司为士师，传神命，听讼狱，号为先知，亦称先见，纯是巫教。至撒母耳始传神命，立扫罗为王，与祭司共治。扫罗废而大辟兴，其子所罗门继立，始造殿宇，阐教律，名闻四国。教之流传自此始。其后屡兴灭，卒后为巴比伦所虏，教中废，至以斯喇尼希米请于大 先知

利乌王，迁其族于犹太，复兴旧教。自被虏巴比伦后，国灭无王，而号先知，说预言者日众。犹太旧传巫教，以色列族久居犹太，传摩西诫命之书，同原于巫，遂相合为一。其时在西汉，佛教已兴于印度，传及波斯。波斯古条支，即安息，近连五印度之西，故亦称西印度。犹太，西语称如德亚，秦汉时属于波斯，宜为释氏遗教所及。欧洲有巴柳士良教，散处各国，孑身修炼，西人书言古时多隐者，伏处山洞清修，不与世事，而不能考其由来。盖老子西出流沙，其教流传西域。墨氏尚俭尚同兼爱，数称天鬼，虽无传教西域踪迹，而自汉张骞寻河源，见条支鸟卵，行已至地中海。班超使西域至安息，欲遣甘英通大秦入海，舟人言海中有思慕之物，使人怀悲，若汉使不恋父母妻子者，乃可入，英卒不能渡此海。亦指地中海。是地中海以东，耶稣教之祖国，汉时已大通墨氏之教。秦以后微于中邦，而转流于西土。埃及为泰西文教最古之国，其盛在周末。至秦汉之际，文直行，类钟鼎，而每书皆分为数格，如史表。考《墨子经说》上下篇，有释文释言、释名释实诸条，皆坚白同异之辨，大意是改定名实、语言文字，而语多难解，其总纲则在经上下篇。篇末云：此书旁行正。无非谓书义旁行而直读，亦相通不背也。埃及文直读而兼旁行，正与相合，墨氏之学盖早流埃及。

埃及为泰西文教最古之国

耶稣生于汉哀帝时，有博士从东方来见，有星降于犹太，知生真人。该撒分封之希律王，都于犹太，闻之欲杀耶稣，神示逃往埃及，长而还乡。时有约翰在约旦河施

耶稣传奇

洗，耶稣从受洗礼。约翰号于众，目为基督，不敢自居于师，遣门徒相从。耶稣遂禁食清斋，登山受箓，以戒定胜魔鬼，遂著灵异。续得十二使徒，周流四方讲道，兼能起死疾、驱鬼祟、治喑聋跛躃、止风禁水、幻食变相诸神仙术，所在从者数千人，为旧教祭司诸长老。及犹太不信耶稣教人所忌见杀，先示预言，舍身度世，三日从墓中复活，显示门徒及母之姊妹。监守者失其尸，祭司诸人以门徒窃去，解说于众。其后使徒传教四方，专述耶稣，而在犹太之以色列人，仍守摩西旧律，不信耶稣。原以色列神教摩西以前，专治一族。尼希米以后，族教合于异邦。耶稣以来，同族又分为两教。顾其前分为两段，有国之际，特假巫以治人；亡国以来，始因教以收族。教始萌芽，而不外于巫。至耶稣则参合释墨二家遗言，而推本家传世巫，仍以事神为主，专意行教，自成一家。故今天主、耶稣教皆赞述耶稣，不道摩西也。耶稣生而智慧，十二岁即能入殿讲论。长于埃及，必多识中土流传埃及之古书，故其教律训言，迥异于摩西，而同于墨翟者十三。约翰衣褐，食蝗虫野蜜，创行洗礼，责以色列人不可恃，亚伯拉罕言行皆与摩西之教相背。《新约书》马太、马可、约翰传福音（传福音之约翰，乃耶稣弟子，与施洗约翰别一人），皆述其事，而不言所自来。惟路加传言其母为亚伦之后（亚伦乃以色列人）而无世系，且与耶稣同岁而生，不应耶稣向其受洗。况既有出处，何得有该撤？人诘所从来，而约翰不答。后约翰为希律王所杀，惟门人收葬，未

教始萌芽不外于巫

闻有亲属。路加此一段语，明是附会。观其刻己教人，遗亲外身，确系墨家者流，疑是中土之人，述墨氏遗教者，耶稣亲从受业，故得于墨教尤深。释氏之教由印度而西，耶稣及其门徒皆能作各国方言，意必读佛氏之书，窃取其意，故其说合于佛者十七。旧教祭司犹是平人，耶稣后教士皆出家不娶，此仿释氏出家，要人敬信，而舍身度世，亦附会佛经立言。罗马自汉至唐，为泰西一统之国，西并波斯。耶稣后三百年，罗马皇肯斯旦进教受礼，耶稣教盛而佛教浸衰，则当中国六朝。佛教乃由印度而东，行于中土。至唐代，日耳曼沙厘曼王奄有欧洲中境，尤笃信教命，教士与百官同理国政，总教主之权，尤重奉冕，立沙厘曼为日耳曼皇，并为罗马皇，则耶稣教愈盛，佛教愈衰。故唐时大秦僧贡经像，以佛号奉于耶稣，而以波斯冒于罗马（景教碑云：景宿告祥波斯，睹耀以来贡，是来自波斯），不谓大秦之源于波斯，反以为波斯之出自大秦（天宝四年诏云：波斯经教出自大秦）。盖其教衰微，为势所夺，影附以自存，不觉数典而忘祖。此天主教与佛教在西土迭为盛衰之源流也。又四百年，当五代之际，大教主始称为教皇，东至俄（《朔方备乘》云：唐初回教之穆罕默德兴于阿剌伯，新兼波斯，势张盛，欲强罗马入回教，罗马不从，于是阿剌伯数攻罗马。是时俄罗斯兴于北土，以兵来侵，罗马与约和亲。从此俄罗斯奉天主教），西至英，凡国王即位大典，皆教皇奉冕立之，然后发号境内，通告邻邦。遇两国相争，皆请教皇为定曲直。如有不

耶稣附会佛经立言

耶稣教兴佛教浸衰

始称教皇

教皇权利

服，国辄被兵，主辄被废。元末明初，传至教皇移挪孙第三，诛灭异教，一时焚死二千五百馀人，减死受刑者、藉家充军又四万七千二百馀人。法国承其意旨，令民自杀异教者，一日死三万人。日耳曼人路得起而攻其说，谓教不立王，以刑胁人入教，非耶稣本旨。于是取耶稣之书，译解流传，别立教规。人主入教，不夺其尊；教士娶妻不出家，祈祷上帝，但自斋洁，在家如庙。其言弥近理，而教皇又重法以为之驱，故从者如归市。教主始令诸王捕杀，而其教已盛行。德意志列邦首从新教，英、荷噠、瑞等国次第服从。教皇令不行而势顿衰，惟意大利、佛朗西、比利时、西班牙、葡萄牙等国，犹奉旧天主教。自是君与民因分教相杀，国与国因分教相攻。前后肆朝，市膏原野以数百万。明天启时，争教未定，利马窦渡海东来，而艾如略、汤若望等接踵而至，盖其教衰于西而欲行之于东也。既睹中国圣人之书，知其言不易入，始窃取中国教言，变其说以相附会，而杂引经传敬天之说以为造天地主宰之证，隐攻圣教以为王者祀天之非。见佛教早行中土，则极力攻之以自见。诸人皆天主教。时有庞迪我、熊三拔明历法，周子愚荐之入局测验。于是西人之入中国者，以推算为名，而阴行其教。汤若望进天主图像，朝士相与提唱。于是畿辅设天主堂，若望与罗雅谷奉诏供事历局。我朝定鼎，若望上书，进西洋像器，得旨试行。特命汤若望、南怀仁为钦天监官。新安杨光先摘其日食交会之误，遂黜汤若望等，授杨光先监副，寻转监正。六年以推闰失实，遣

路得起西教分

艾汤等接踵而至

成，复用汤若望、南怀仁，光先乃不得已书以攻天主教。其时耶稣教尚为天主教所遏，未畅行于西，故不遑及远。自明景泰时，罗马国亡，而法朗西与教皇相倚为重。法欲因保教而称帝，继罗马古皇之位。及普法大战，法败而教皇顿衰。义大利王入居罗马故城，收夺教权，封禁教产。

公教修教两教并立

日耳曼列邦推普为德意志皇，首从新教。于是两教并立，名天主教为公教，耶稣教为修教，其统名为救世教修教，自别称为救世原教。公教斥修教为后起之异端，修教斥公教为横行之邪说，而其演说耶稣为救世之主与造化主宰，禁祀别神。及以其教遍传万国，宗旨原同，波澜莫二。此耶稣以后分为二派之盛衰原起也。

新约书

《新约书》：马太传福音第一，马可传福音第二，路加传福音第三，约翰传福音第四，皆述耶稣降生行教、灵迹始末。使徒行传第五，述耶稣死后三日，从墓中复活，

使徒行传

显示使徒，降灵光于使徒身中，令辩才开朗，能作各国语言。于是有帕提亚人、米太人、以拦人、米所波大米犹太伊及（即埃及）、伽帕多加、本都亚西亚（即亚细亚，盖指波斯印度）、弗吕家旁非利亚（盖即阿非利加）、古利奈吕彼亚革里底、阿剌伯各种人，及从罗马来之客旅，闻风咸集。使徒各效其言，为之陈说。耶稣生，天立为基督，引旧约预言为证，一时感动受洗者三千人。入产者鬻产共财，如家人之义。有鬻产隐其价，为彼得呵责，神谴立死，从者日众。有司以其惑众，执而囚之，按无罪状得释，禁以耶稣名传教，而使徒讲说如故，复遭囚禁。天使

救之出狱。其徒司提反以毁辱摩西律法，为众所杀。教会危不自存，四方分散。有扫罗者请于祭司，奉文捕缉，使徒为神显示，双目立瞽。神示使徒谕扫罗受洗，瞽目复明。是为保罗、彼得能行耶稣神异，起死人，治盲跛。神示彼得，令普传异邦，希耶王恶之，杀使徒雅各，复囚彼得，天使救之出狱。希律王为虫啮死，信徒益众。神示使徒往罗马传教，行至马以顿，时有方伯召保罗与一术士辩论，保罗诅术士目盲，应声即验；又从女巫身逐出邪鬼。女巫之主遂执保罗西拉讼之于官，遭鞭笞囚禁。忽然地震，狱门大开，狱卒以闻，保罗诡称是罗马人，有司惧，礼而出之于狱。保罗传教最著，还耶路撒冷，犹太人以毁谤摩西法律，引异邦人进殿，执以为罪，将杀之。交千夫长加刑拷问，保罗复诡称是罗马人，千夫长惧，不敢加刑，令与众人分辨。保罗见公会中半是法利赛人，因自称己本法利赛人，今之讲道，为欲死人复活。于是会中法利赛人与撒都该人分为二党，互相争论。保罗故知法利赛人信鬼神，言死者当复生。撒都该主无鬼神，素不相合。于是两家争难。千夫长复收保罗容系，犹太人仍欲杀之。四十人设誓杀保罗而朝食，千夫长欲杀之，以兵护送于方伯所。方伯闻于亚基帕王，亲讯保罗，解往罗马。于是其教传于罗马。 保罗传教

保罗达罗马人书第六。达林哥多人前后书第七。达加拉太人书第八。达以弗所人书第九。达腓立比人书第十。达哥罗西人书第十一。达铁撒罗尼迦前后书第十二。达提

摩太人书第十三。达提多书第十四。达腓立门书第十五。达希伯来书第十六，所谓保罗寄人书十篇也。使徒雅各书第十七。使徒彼得前后书第十八。使徒约翰三书第十九。使徒犹太书第二十。皆其门人阐扬师教，与各国人论学之书也。使徒约翰默示录第二十一，则言天地毁劫，救主降临，更新天地，重造人物，定永赏永罚之事，其说与《旧约》但以理书记梦兆预言相似。其离奇光怪，则佛经小说、《搜神》之所无也。

门人阐扬师教与人论学之书

摩西教只传以色列之族，禁本族人与他族为婚。其言上帝亦称以色列之祖。亚伯拉罕、雅各、以撒之上帝耶稣，则斥以色列人不可恃，亚伯拉罕子孙即邀神祐。又云有能从我者，即能升天上十二坐位。审问以色列十二支派人，又以赴筵比喻明当传教异邦，称上帝为独一无二之神。又云：神非死人之神，乃生人之神（俱见《马太传》）。摩西行割礼，别其族于他族。耶稣承约翰用洗礼，除割礼，合其族于异邦。摩西教人重守法律，耶稣申理辨非法律。《马太传》云：门徒不洗手就食，法利赛人诘以不遵遗法。耶稣喻以入口者不能污秽人，出口者始能污秽人。耶稣教人不可出妻，或引摩西法律有立书出妻相难。答以因人心忍，故设权制。《马可传》云：当安息日，门徒摘麦穗。法利赛人责之。耶稣答以安息日为人而设，非人为安息日而设。耶稣在殿讲道，众执一犯奸妇人，据摩西法律，当用石砍死。耶稣问众：何人自问，未尝犯法律罪过，则可举手行法。于是众皆散。耶稣遂命此妇自去。

摩西耶稣两教之别

摩西割礼耶稣洗礼

摩西教最重燔祭，耶稣除燔祭。摩西设教祈祷，欲得生前之福，故重财利；耶稣教人施舍，求死后永福，言富人入天国，难于骆驼穿针孔。处处不同，故为旧教所嫉。至其徒彼得、保罗等，犹数以毁摩西法律为众所仇，卒以见杀。摩西假教以合众，其言纯是法；耶稣用众以行教，其言弥近理，故耶稣行而摩西废。其渊源仍述摩西者，缘西裔巫教皆口传无书，摩西之书已遍传中亚细亚各国，彼族旧教居犹太久，已与犹太景教互相参混为一。耶稣为大辟之裔，生于是邦，初时登山受录，假神术以胜群巫，为行教之助；托神子以贬诸教，为立教之基。不引《旧约》之书，无征不信。观其讲论，言必引经，而别为解难，其理弥正，而其量弥广，与摩西之用心不同，宜其为西教不祧之祖也。

耶稣行而摩西废

佛法出家不娶，以六亲为缘为孽，一切平等，无有高下，教人施舍，心无留恋。摩西法律则有妻妾奴婢等威，重生前之福利。耶稣承摩西之后，采佛氏之旨，酌而取中，使人易从；除出妻之律，无取妾之条，禁同族相买为奴婢，于两教为中立调停；令同教者鬻产共财，喻富人入天国，难于驼穿针孔；接待门徒者必得福，则布施之义也。《马太传》云：耶稣欲渡海，一门徒求归葬父。耶稣云：让死人去葬死人，若从我去。又云：自我来后，子当与父疏，女当与母疏，妇当与姑疏，人之仇敌，即在家人。此弃妄缘之义也。又云：人不可受夫子之称，只有一师，乃是基督；不可称为人父，只有一父，乃是天父。自

耶稣教规

尊者必降卑，自卑者必升高，则平等之义也。而身自出家，门徒不娶，言灵魂生天无配偶。舍生命者乃得生命，天地俱有毁，惟从耶稣得度者永生，不信者永沦地狱，缘释氏净业生天、舍身度世、不生不灭、死后天堂地狱、赏罚之说，而变其说为尽性事天，以合应谶降生为天独子、作世救主之本旨。其法较佛氏易行，其义较佛氏为密，而始终归宿，皆由释氏脱胎，不能讳所从来也。

福音传

《福音传》，记耶稣登山训众，明虚心哀恸、柔和怜恤、忍辱诸义，皆反证以明因果。又言遭人逼迫、辱詈、毁谤，当生欢喜。释律诫杀人奸淫，皆剖析幾微，诫业深意。命门徒传教不必赍粮，择好善人家，受其供养，为门徒摩顶受诫，每申一义，必设譬喻，皆是佛氏遗尘。《路加传》言：一财主死，入冥受苦，望见亚伯拉罕携一乞丐同行，财主呼救，亚伯拉罕语以生前享福，至死宜有此苦；乞丐生前受苦多，死宜有此福。且彼此中间，有深渊相隔，无缘相救。死即入冥，一河相隔，享受乘除，苦乐循环，皆释氏之卮言，亦其踪迹之显然者也。墨子书亟称天鬼，《耕柱篇》言鬼神之明智于圣人，犹聪明之与聋瞽也。墨述夏道，夏道尚忠，其失也鬼，此九黎巫氏之遗。西教亚伯拉罕以降相承所祖，与墨同原，而耶稣遂以神子降生证成旧约，则凡言鬼神者，不能抗尊；凡言圣人者，莫能或外。墨主救人而不居功，故摩顶放踵，杀身以利天下；佛氏之舍身度世，与之同义；而耶稣自命为救世主，预言必为世流血赎罪，且勖门徒当舍生命，以传教为重，

耶稣教与佛墨渊源

彼得、保罗以降十馀人皆为异教仇害，其教竟以此大行。耶稣之教发端于约翰，约翰不知其所自来（路加所传，踪迹不合，其言非实，辨见前），褐衣革带，食蝗虫野蜜，类墨家行径，创洗礼（耶稣曾诘法利赛人，洗礼是从天来，抑何人所创），斥以色列人，毋恃亚伯拉罕为祖；摩西法：兄弟死，当娶其妻，约翰以谏希律王娶弟妻见杀；耶稣为门徒言摩西之法，至约翰而止。其人即非中产，其教于墨家，必概乎有闻，故不假神术，专求克己，而毅然破除彼族成见，创行新教，人皆听从，耶稣初起借其奖成之力。耶稣称之云：自先知以来，惟约翰最大。又云：约翰来，不饮不食，人以为鬼，附人子来，且饮且食，人又以为饮食之人。及耶稣教行，尚有疑为约翰复生者。西教之兴，兴于耶稣，实兴于约翰也。

耶稣教发端于约翰

西教实兴于约翰

墨氏兼爱尚同，孟子斥为无父。言虽过甚，然其流弊，实将至此。杨光先《辟邪论》谓孟子距杨墨，恐人无父无君，耶稣之教，惟恐人有父有君。此亦极意深文之论，然其原取法乎墨，故流弊同归。摩西十诫，四诫事天，六诫治人，亦首重敬父母，其律法殴詈父母皆死刑。耶稣檃括其说，第一尽心事天，第二爱人如己。虽云古传律法尽此两端，实与旧诫不合。一时耶稣之母与兄弟姊妹在户外，欲与耶稣语，人告之。耶稣云："谁为我母与兄弟姊妹？"指门徒云："此即我母与兄弟姊妹。"又云："人不可受夫子之称，惟有基督为人之师。人不可称人为父，惟有天父为人之父。"耶稣将渡海，一门徒请归葬父。耶稣言："让死人去葬死人，若从我去。"此即爱无差等，葬非利亲之说。耶稣受之约翰，闻于埃及，而摩西《旧约》之所无也。

耶稣立教宗旨之由

合释墨两家，尽耶稣立教宗旨，与摩西截然异道，惟称造天地主是原其家世巫传，又以托其神子降生之说，长于埃及，学各国方言，受洗约翰，是学于释墨之渊源。佛以天地为物，顾谓先有天地，然后有诸天之神，故言三界内外，惟我独尊。墨称天鬼，以贬圣人，而不言神之所始。耶稣既兼取两家，欲独张一教，适摩西旧籍有造天地主，可以涵盖一切，证天鬼之无上，排三界之独尊。不禁祀别神，不能定民志；不并除燔祭，不能杜偶像；不兼爱平等，不能禁人不祀其先人。祀其先则与禁拜神、专事主之宗旨相背。摩西教行争杀无已，惟以祈神蒙佑。拜偶像见谴，为互相杀戮注脚，其是非概置不论。故《旧约》但言生前祸福，不言死后赏罚。耶稣欲用教以止杀，无治世之权，非平等尚同，不能破除各族畛域之见、争杀之习，不尊不信，非用天堂地狱之说，无以示劝惩。第言天堂地狱，袭佛常谈，无以胜佛教，且既有轮回，则智者或以及身之取偿，易其来生之福报，故原始要终，易为永赏永罚，惕之以生时易尽，驱之以死后必由，是亦救世之苦心，而其教之所以盛行也。

耶稣欲用教以止杀

元气论

六合之外，圣人存而不论。易有先天太极，乃无名无象，强拟诸形像，谓之元气。《易·纬》云：太极元气，函三为一。《系传》易有太极，是生两仪。谓乾坤元气，分而为天地；元气之精，为之主宰。其理固然。然元气之精，仍属天体，故文言则为上帝，质言则为天，不能分别。老子言一生二，二生三，亦谓太极。元气生两仪，两仪之气交，交气别为一，与原气为三，交气精者为人，烦者为物，故曰三生万物，与《易·纬》旨同。惟其宗虚，无求于六合之外，故所言有与西教消息透露者。如曰“吾不知谁之子”，“象帝之先”，“有物混成，先天地生，独立而不改，周行而不殆，吾不知其名，字之曰道。人法地，地法天，天法道，道法自然”，又曰“能知古始，以阅众甫，皆求知于天地”。以前约翰传福音云：“太初有道，道与神同在。道即是神，万物乃借道创造而成，生命在道中。生命者，人之光也。光能照暗，暗不见光，故耶稣降世，为世真光。光在道中，道即是神。然则光者神之分，神者光之原，合道者神之用。”神即老氏所谓自然，光即老氏所谓“有物混成，先天地生，独立不改，周行不殆，不知其名，强字曰道者”也。庄子所谓浑沌氏，《山海经》所谓帝江，其实神即太极元气，未分之始，即函阴阳中三气，是谓函三为一，已分阳仪，而后有光，光即天体乾体。元气不用事，而光用事，故圣人称天为帝。推本两仪，既分为名象之始，而太极无名象可言，其降曰命，其生于天命，降于人为性，率循其性，是谓法天。故《中庸》曰“天命之谓性，率性之谓道”，董子言“道之大原出于天也”，老氏欲尊道于天之先，不能禁人诘道从何始，舍自然一义，更无推本处，故曰“道法自然”。以

率循其性是谓法天

道视天地，则天地亦一物，西教正同此意。谓天地由道造成，于元气直加名象，称为独一之神，《旧约·创世记》注：耶和华译言自然之谓，而阿罗本献天主像，亦称三一妙身、无元真主。无论太极元气，无名象可称，即从阳仪天体，圣人所称为上帝者，推本为元气化身，与帝同名，与人同象，亦何能时时显示，命人祭祀，教人赞颂，导人争战，如《旧约》所云“耶稣知其于理不达，故自承为上帝之子，专行专断，禁绝指神起誓”，不称神降传言，其遭忌见杀在此。其教变邪近正，令人信从亦在此。耶稣常引《旧约》解之云：“经言以色列上帝是生人之上帝，非死人之上帝”，明言神凭依在人，人在神始在。由此观之，耶稣盖实通造化之微旨，特称天以教人，并非因人以立教。惟取法释墨，谬于周孔，虽为父言慈，为子言孝，为夫妇言相爱相终，为王言恕，为仆言忠，为兄弟朋友言信义，于名教无违。而推本天父为一尊，以待人如己为宗旨，指门徒为母，令人专心从教，父子相疏，言世人平等，不当有尊，始终未言事君之义，则隐与名教相反。其精华在称天以教，令人敬畏修省，所谓挟天子以令天下，其所托足以攻别教，而非别教所能摇。统于一尊，则名教之尊卑，几难自立。程子言佛氏之言，尤为近理，其为害尤甚。况又进于佛氏者乎？

耶稣实通造化微旨

明时利马窦献书，并进神仙骨。考新、旧约书，无神仙之说。利马窦天主教士，何以忽谈神仙？在英识一耶稣教士，问以此事。乃言：天主教中规律颇杂，有长斋者，有谈修炼者，不知始于何时。此于耶稣无传，当是后来增窜。然老庄之言，实有为耶稣先导者。老子云："外其身而身存，后其身而身先。"耶稣谓舍生命者乃得生命，卑谦者必升高，在后者必反在前，即此意。老子曰："六亲不和有孝慈，国家昏乱有忠臣。绝圣弃智，民利百倍；绝仁弃义，民复孝慈；绝巧弃利，盗贼无有。此三者，以为文不足，故令有所属。"耶稣令人父子相疏，而统以爱人如己，是"绝仁弃义"之意；教人凡事不必预虑言行，皆听命于主，除悔罪祈祷之外，多言即罪，戒学伪师、扬伪善，即"绝圣弃智"之意；教门徒无虑衣食，令人鬻产济贫，是"绝巧弃利"之意。所谓"以为文不足，故令有所属"，老氏欲属之于素朴，耶稣则一是属之于神。老子云："始制有名，名亦既有，夫亦将知止，知止可以不殆。"耶稣言不可令人称己为师，惟是基督；不可称人为父，惟有天父。已为大辟之裔，而引《旧约》证摩西为仆，己为其主，言己在亚伯拉罕之先，指门徒为母兄弟，皆是毁名之意。老子云："天道犹张弓，高者抑之，下者举之，有馀者损之，不足者补之。"又云："贵以贱为本，高以下为基。孤寡不谷，人之所恶而王公以为称。物或损之而益，或益之而损。"耶稣为门徒洗足，训以卑谦，尝训众云："饥者必得饱，哭者必得乐。饱者必得饥，笑者必得泣。为人毁当生喜欢，为人誉当生忧惧。"又指婴孩训门徒云："凡人在中，极小者将要极大。"其旨正同。老子云："以德报怨。"耶稣训门徒亦云："仇汝

老庄之言耶稣先导

老庄之言耶稣先导诸例证

者必爱，骂汝者须祝之。汝不道人短，人不道汝短。汝能恕人罪，人亦恕汝罪。”即此意。老子云：“可以长生。”又云：“死而不亡者，寿。”即永生复活之说。庄子云：“天其运乎，孰主宰是？孰纲维是？孰居无事而劝是？”即造化主宰之说。庄子曰：“吹万不同，而其自起也，令其自已。”耶稣亦喻言风从树吹过，但闻其声，孰知从何处来，何处去？庄子言“指穷于为薪火传也”，即耶稣言属地者必不久，属神者必长存之义。或不谋而合，抑薪火之相传，盖不可知而可知也。

耶稣采集诸家，而称天以为主脑，由巫而引于道，可谓取精用宏，故没后风行景从，馀教莫能与抗。诚撷老释之精华，洗巫家之积陋，良非偶然。言教不言政，有墨氏兼爱尚俭尚同之意，而无其用；又从佛法出家毁产，所立教王及诸神副，仍如西藏班禅呼图克图故事，矫厉而难以持久。路得创修教，颇有译改。原天主教不译彼经，仍用古文宣颂，非神副莫知。故路得诋教王，以私意窜入《圣经》，乃译其书，遍传国中。其实路得由译而变其文者当不少，不出家，不行异术，弥近人情，顾足以涵盖外域，而不足动摇名教。自利艾东来，见圣人之书，广大悉备，始稍修改其说，阳附而隐攻。于是利马窦有《天主实义》《辨学遗牍》《畸人传》，庞迪我有《七克》，艾如略有《西学凡》，毕方济有《灵言蠡勺》，高一志有《空际格致》，溥汎际有《寰有诠》，徐光启、杨廷筠、王肯堂之徒又为之润色点定，假兵赍粮以张其帜。《新约书》

路得创修教

利玛窦等人著作

自路得译行而一改，由利艾译传中国而再改。盖非其旧，良由语须重译，故言可遁饰。今考辨耶稣之书，姑就译文为据，其已改者无害于道，不必追求。第举其教入中国后，修改踪迹之可见者，列之如后。

《新约书》只言耶稣为天之子，以驾乎摩西称天仆、谟罕默德称天使之上。及见经传，言黄帝、帝尧、后稷皆上帝感生，则其说不能独尊，遂附会三一妙身之像，以为一体三位，神也，父也，子也，其实一体，盖欲以天主自降生，驾乎天感生圣人之上，而新、旧约书皆无此言。

耶稣废律法，无一语及政。当罗马盛时，奄有西土，诸国皆奉行罗马王所定之律。及法国创霸，征服诸国，复行法王路易所定之律。以势行法，初无所折衷。及见中国圣人兼言政教，知不相敌，始推本摩西十诫，缘饰诸条例，以为四诫事天，六诫治人。然旧诫诛不孝、严主仆之分，重渎伦之刑；而今西律皆改之，父子相殴，罪皆监禁，无主仆名分，妻可弃夫，夫不得出妻。由于摩西十诫，耶稣易以两条，四诫事天如故。其六诫统以爱人如己，则是墨氏兼爱尚同，佛氏平等之义，可以统盗杀妄证贪财，而适足以灭父子主臣夫妇之名分。盖教化未兴，夷性尤残忍。与以名分，则逞其凶德，故耶稣设教，称天为主，不以人治人（李提摩太书云：如父等于君，有时子触父怒，命之死而不敢辞，是父权过重。夫为妻纲，倘遇人不淑，出其妻，奴其妾，是夫权过重；主仆有尊卑，或遭虐待，甚至令斗杀为乐，是主权过重。引印度焚妻殉

耶稣废律法无一语及政

六诫统以爱人如己

夫，罗马用罪囚俘虏与猛兽斗杀，麦西哥出师，以罪囚俘虏，杀之祭神，每岁计二万。美国买黑人为奴，蓄恶犬，有逃奴，则纵犬嗅迹而觅之，立为啮死。故教会为之改律赎奴，以合天主之训。即此可见狉榛。初启名教难施，平等尚同，亦因时势而为之也）。意在废酋长，以止杀戮。国无所尊，则家难立主，不免因噎废食。而其说已深入人心，利艾东来以后，渐被华风，始窃取孔子制作之意，以附益耶稣。教士法师因而引书解律，以张其教，讳其草昧之习，隐攻名教之非。其实父子不别尊卑，夫妇不相统属，是其国之本俗。大辟为其子押龙沙所攻，大辟出奔，押龙入居大辟宫，奸其妃嫔十人，押龙沙旋为兵帅所杀，大辟犹悲思不已，诸妃亦不加罪，即此可见摩西律法逆亲渎伦之刑，特有空文，其族初未遵行（摩西律法传自中邦，非彼族所原有，此亦一证抑或旧约本无，而译书者增入，以文饰其教，亦未可知）。《新约》耶稣诘众云：摩西历骂父母者死刑，汝众未尝遵守。又众执一奸妇，以难耶稣。耶稣云：众中有自问未尝犯律法者，可举手行刑。于是众皆散去。是耶稣之背于名教，亦因其时本俗草昧，未足骤语文明。路得以后渐被夏声，而智慧不如耶稣，又以先入为主，乃矫其说，谓天伦有六，以排名教，知末忘本（明有朱维城书，即发此论，近西人皆阐其说），此为贼道之大端，滑夏之要害。父子天性，圣教之大原，颠扑不破，君臣夫妇皆由此起例。虽释氏之汪洋恣肆，道流之微渺超虚，皆至此而穷，不能不影附而立。惟彼教握定天

利艾东来渐被华风窃取孔子制作之意附益耶稣

贼道大端滑夏要害

生人为根本，用爱无差等为转关，有天父在前，则父子之亲为枝叶，神为天主，统万国人，皆当一心事神，则君臣之义为等夷，而其流论至于殴父无刑，谋反不诛（西律皆以谋反为公罪，如逃往他国，则不能执，他国必护之），弃夫无过。法人著论，欲尽废天下君主诸国，公党群起和之，至著为诗歌，欲遍地球君主之血流，洗遍地球国土。其教普行各国，实有大效。风俗全主于教，政治半出于教，其半不出于教者，亦非推本于教以为言，以富为教之征，即以富强助教之势。羽翼已成，持之甚坚，并力思以其教易中国，不可易而忽之也。

耶稣降生，博士言星降伯利垣。耶稣言天地劫毁，日月无光，"默示录"言末劫时，有一妇人戴日踏月，言星降以日月并称，仍是浑天之说。明西洋人高一志《空际格致》，以气水火土为四大元行，驳五行，兼用金木为非，则袭佛书地水火风之说。而其推测天文仍本五星，并未指为地球。彼学最重天文，开宗明义，即言神造天地。耶稣自神降生而言天，仍拾浑天遗说。高一志测天，不外五星，论地分为四行，不过中邦陈法，释典唾馀，其学术由来，已可概见。西人好胜喜新，是其本性，且其教托天主，不合谈天反随人后，故自汤、南以后，智者辈出，极力推求，务变旧说，以夸饰其教为天教，独能知天。于是窃地员宣夜家言，言地轴自转，绕日而行，诸行星皆为地球，各有月循绕地球轨道（于五星外，用远镜测出天王、海王二星，然不能算其轨度，则亦欺人之谈），斥浑天为 西人好胜喜新无征；又于五行去木加风，诋经传与佛书，但不得当。耶稣医疾是古之祝榴，至彼得、保罗犹能行其术，再传以后，其术遂失。而藉医行教，是其授受渊源，故传教士皆习医科，刳死人以观藏府，见心为血所出入，执以驳经传，言心为身主之非，以神其灵魂为主之说。然耶稣述诫，首言尽心事神，其馀说教言心，亦不一而足。耶稣不谈物理，而艾如略《西学凡》述其国建学育材之法，有文科、理科、医科、法科、教科、道科，其致力以格物穷理为本，引而归之于尽性致命。提要称其所格之物，皆器数之末，即今所谓格化学（分为光、电、热、音、力、化，亦统名格化学）。西人自言化学，由中国道流炼丹点金之术推阐而出，则与教无涉。原艾如略得读中国书，见朱子释《大学》格物，为穷物理，遂以其国制器，分质诸艺，附会格物，合之于教，推究于造天地，以证人无所能，神无不能（耶稣语）。盗取格物一言，以攻中学之理有未穷，知有未至，可谓黠贼。中国习而不察，推重西人天文者十九，称西医者十五，确信格物为制器分质者十七八，不知其用心专在争胜，而欲以其教折我，奈何操戈而授人以柄乎？

传教士皆习医科

格化学

采风记第五

公 法

万国公法所称，引有虎哥、宾客舍、霍毕士、布番多、莱本尼子、格不兰、俄拉费、发得耳、海付达、得哩等十馀人，称为公师，皆西国讲学之士，名望最高者。其学分性法、公法两端，性法者，揆之于心之是非；公法者，揆之于往来交接之公义。其书始于虎哥。虎哥主公法，从性法而出，分性法为第一种，公法为第二种，意在抑公法之主利而不合性法者。虎哥原书名《平战条规》，主于抑强扶弱，推本于良知，谓出于上帝之禁令，此西士之学最淳正者。惟其无禁战息争之权，故不免依违其说，谓各国治法，以利国为尚，诸国同议，以公好为趋，此乃万国之公法，与人心之性法有别。后来诸家或推本一源，

万国公法

虎哥（即胡果·格考秀斯）

性法公法

或截然分性法、公法为二事，而皆失其本旨，遂流为法律之学，所谓铢铢而称，寸寸而度。故近来西士，为公师者少，为律师者多。西学之源皆出于其教，摩西之教本自东来，尚为淳正，无有诡说。自耶稣之徒叛摩西旧教而自立，遂造天主降生之说，以揽教权，然犹分传教者与授教者为二。传教者为教士，出家不娶。路德之徒叛天主旧教而自立，则不出家传教。教士与受教众人无异，其品不分，其学愈歧愈远。主平战者转而言战，主均利者转而谋利，主抑强扶弱者转而助强并弱，则耶稣之徒入室操戈，路得之徒假粮借寇也。在英识一上议员，公爵吴留顿，语及西国言修身治国以何为主。吴留顿言皆本《摩西十训》，其四训以治身，其六训为治国，一切法度之原本可证。彼国之言理，皆以教为依归，近百馀年富强之策骤兴，由于路得之徒变宽戒条，广译教书，于是不为教士，不守戒条者，皆得以析言破律，仍依附《摩西十训》，以涂民耳目。其守教笃者，亦震于功利而依违其词；其守教不笃，服教不深者，反附于功利以张其焰。故公法出入，语持两端。其教究属草创，未得精微，所谓择焉不精，语焉不详，而意主于平战息争，抑强扶弱。今各国交涉，虽不尽遵从，然不敢显然不顾，由于欧洲皆同教之国，公法皆敷教之言。创公法诸家本意，不过望同教诸国不相侵害，不敢望异教诸国奉为指归，然彼教推行益广，赖国之兵力相辅而行。教皇失权，无力自制欧洲大国，欧洲大国反持此柄，以制异教各邦。土耳其、印度等国为所胁服，

摩西十训

公法实施各国情形

且其本教亦与同源，遵从公法，犹有可言，至中国与之交涉，亦援引支节两歧、理义不精之公法，束身归狱，是诚不揣本而齐末矣。但既与交驰，自当同禀公律，以为议事之制。彼教之流虽异，其源不甚相远。至于是非曲直，人心大同，特彼方所闻，无有进于《摩西十训》者，故竭其人之心思，不能折衷一是。《春秋》经世先王之志，实万国之公法，即万世之公法。如会盟、朝聘、侵伐、平乱、行成、存亡、继绝国等使臣爵等会盟班次，无事不备，无义不精，此类皆西书公法所斤斤聚讼，讫无定论者（丁韪良作《古公法考》，亦引《左传》数条）。《春秋》三传，各有义例，合之乃成完备。如自治境内，义在《穀梁》，交际礼仪，例在《左传》，驾驭进退，权在《公羊》。修明此经，以为公法，是至当不易。然内其国而外诸夏，内诸夏而外夷狄，须先自治，始能治人。必以为迂远，则宜取彼公法之书为之驳正，一禀《春秋》之律，判其疑义，斥其违反，译而行之。彼国公师既明其理，必相附和。教势积重，人情所向，即彼武臣富商交持国政，亦不能夺也。圣教阴行，而夷患自免，遇有交涉，亦不难为，非迂谈也。

《春秋》实万世公法

修明此经以为公法至当不易

外国之并力以图中国，固由于彼教之尚同而我国之独异，亦有一名一实，有以招之。实者，中国之地产富饶，弃而未用，西人所亟垂涎；名者，华夷之界限，中国拥其尊名，而事或废弛，民多流徙，宜为外夷所不服。《春秋》最严夷夏，而自来注解皆失其旨，此解一差，汉以

夷夏之辨
礼义为限
不以地界

后，夷祸相寻，至于今日。经言夷夏之辨，以礼义为限，不以地界而分。传言降于夷则夷之进乎中国，则中国之。倘如旧说，分以地域，则降于夷者必徙而之夷，既无是事，进乎中国者，必进而据地。进而据地，灭人之国，方讨之不暇，反视同中国，又无是理。且杞降为夷，未闻迁地，狄人成周，不闻进之。执此以谈，不通明矣。又公会戎于唐，传为晋献戎执凡伯于楚丘，实乃卫人贬绝之义，于此可见。又若楚之先为帝师，初见《春秋》，乃称荆（以州名之，夷狄进退七等，最贱之称），吴为泰伯之胤，初见《春秋》，仅称人。其后俱进而称子，许以为霸。论其初，则族类未改；论其后，则国地未迁，而进退迥殊。夷夏相反明是。因其政教不由礼义，则谓之降于夷；政教改从礼义，则谓之进乎中国（《公羊传》云："斯世愈乱，春秋愈治。"又云："春秋贵义不贵事。"意谓以《春秋》治世，则夷化为中国）。明乎此理，则内其国而外诸夏，内诸夏而外夷狄之义，一以贯之。法国议和条约一款云：以后凡中国自行一切公牍，自不得以夷相称。约虽施行，而其意终疑忌。此即各国与中国隔阂之情。可见人之好善，谁不如我？争名之习，人情大同。但彼知夷为贱称，而不知所以贱；中国知夏为大称，而不知所以大。徒拥虚名，以招攻射，其幾甚微。始于经训不明，而贻害至于中外交乱。今于修订公法书中讲明此理，俾知圣人之书，一无偏倚。夷夏之名，非可力争，听命于道，自察于己，既释猜嫌，渐慕名教。既慕名教，则中国实为名教宗国，未

夷夏之名
非可力争

有不推服钦崇。今之外域，实同春秋之局，非复狉榛之时。观于罗马、日耳曼为泰西文教祖国。当时群往朝觐，戴为共主，久而后灭，而其帝位犹空而存之。及教皇奉冕立奥主为皇帝，继罗马古皇之位，以奖其护教之功。奥既不振，日耳曼联邦始推戴德意志君为皇帝，以继日耳曼古皇之统。法以力征，欲为南帝，而旋黜尊号。所谓地丑德齐，莫能相下也。被之以教化，讲之以仁义，及其合同而化，推原宗国，舍中国安归乎？又不徒泯夷夏之猜嫌而已。

公法与中国春秋

欧洲大势如战国，而公法欲反之于春秋。耶稣欲以教废国，故但言天命，不论治理。自埃及、罗马、希腊皆立国数千年，教力所不能废，其馀诸国并起，争杀相仍。教皇既立，因以教辅政，而仍不能禁杀胜残。教士虎哥乃创为公法，初名“平战条规”。既无禁战之权，又无礼教以为持论之本，惟推原于性法，与上帝示命善恶之别是矣。惟蔽于功利之恒习，囿于权势之俗见，不敢直断争城据地之非，故说多依违，持两端。霍毕士、布番多以降，言公法者十馀家，其说愈纷歧。正如书吏舞文，出入失律，欲以止争，而适以启争。不知中国圣人制礼，即以性法为本，春秋进退，即以礼教为衡。礼与春秋乃真万国之公法也。西教未闻，无所依据，故后学之徒支节而为之。丁韪良略读中国书，知公法起于春秋，刺取《左传》为中国古时公法一卷，但引传而未尝知经，窥见一斑而已。窃观今日之西戎，有制度文章，聘盟朝会，俘人之君必加礼，

圣人制礼性法为本礼教为衡

灭人之国必复封，与水草游牧蛮夷无道者迥殊，但可视为春秋之吴楚，不能待以春秋之潞狄。国富兵强，人和政理，正宜进之以礼，不能威之以兵。因其公法引经为之正定，明其所疑，译而布之各国。西人好胜，亦好精微之思，必能由攻生悟，不令自行，所谓不战而屈人之兵，经术之用也。谨引经义驳正公法如下：

根不兰（前作“格不兰”）

第一条，莱本尼子与根不兰言，公法之出于利者，则归实际；若徒以人人相待之理，范围诸国之公事则不可。夫国即一家之义，故两国邦交，即两人相待之理。所谓利者，通商也，占地也。譬如两家比邻，有无相易，彼家有旷土馀材，弃而不治；此家善治生，无旷土弃材，欲得邻之旷土弃材以利于己，则必出财佃其旷土，收买弃材，然后合义，不可巧取豪夺，以诈力谋之。今西国于商利地利，每挟兵力以要必行，甚或因胁之不行，竟用兵以灭人国。此与劫盗何异？皆公法出于利者，归实际之言有以助之。《春秋》贵义不言利者，以国者分土而居，分民而治。以此土养此民，但当自利其利，不当更求他国之利。人之欲利，谁不如我？两起相争，则兵强者胜，迭相仇复效尤，反复推刃，无已时也。《春秋》“晋侯使韩穿来言汶阳之田，归之于齐”。《左传》云：“汶阳之田，鲁之旧也。”《公羊传》云：“胁鲁使归之，曷为使鲁归之。”鞍之战，齐师大败，齐侯归，吊死视疾，七年不饮酒食肉。晋侯闻之曰：“奈何使人之君，不饮酒食肉。请皆反其侵地。”《穀梁传》曰：“于齐，缓词也，不使尽我也。”汶

公法言利《春秋》贵义

阳本鲁地，故其前经书取汶阳田，无贬词。而晋为盟主，不应取人之地以与人，悔而返齐侵地，汶阳虽鲁之旧，而亦鞍之战败齐师时所取，故胁鲁使归之。《春秋》嘉晋之返齐侵地，以明不夺人地之义，而以汶阳本鲁旧田，齐不应先夺鲁田，故加“于”为缓词，《穀梁》所谓“不使尽我”，犹言晋当返齐侵地，鲁不当归齐汶阳。明列国有疆，不得以强凌夺。又邾庶其以漆闾邱来奔，《左传》云：“邾庶其以漆闾邱来奔，季武子以公姑姊妻之，皆有赐于其后者。于是鲁多盗。”季孙谓臧武仲盍诘盗，武仲曰：“子召外盗而大礼焉，何以止吾盗?”《穀梁传》曰：“来奔者不言出，举其接我者也。”明《春秋》讥鲁不应接盗。明乎此，然后可与议公法矣。

霍毕士云：“论理敌人可杀，原不分其杀之之方。但公议条规，或许此方而禁彼方。战者杀敌，如非共许之方，则不得用以此为公法。”非尽据理之证，不知其理先不明，故言皆支叶。两国相争，理直者欲伸其理，理屈者恃强不服，于是以兵戎相见，各欲人服，非志在杀人。其临战杀敌者，以敌将杀我，即以其道治之。如临之以兵，敌人望威而服，原可不戮一人。不得已而杀，乃推刃而杀之，譬如其自杀。故王者之师，有征无战。《春秋》“王师败绩于贸容”，不言战伐，以自败为词。《周官·军礼》：“救无辜，伐有罪。”九伐之法，必“内外乱，鸟兽行”，然后灭之。礼不重伤，不禽二毛；春秋之义，师胜不追，入国不杀。结日者为偏战，不结日者为诈战。偏战

霍毕士之议

杀伐之议

者书及许之，如晋侯及楚子郑伯战于鄢陵，宋师及齐师战于献，晋侯齐师等及楚人战于城濮之类，皆无贬词。诈战者书败，如公败宋师于乘丘，公败齐师于长勺，皆不书日以危之。意在由兵而返礼，并非专志于杀人。知此然后可以议公法，论平战。今泰西火器未及交刃，已先杀人，至凶残不仁之器。其初意不过欲以此逞强，其卒也各国皆有，则不足以制敌，徒足以相残耳。

国使之议

虎哥以国使权利出于公议。布番多云："敬其君以及其臣，固本于性法。至其利益，或本性法，或本默许。许与不许，原无强制。"二说皆非。《周官》五礼，其三曰宾。《春秋》书朝聘最多，皆有褒贬。良以通使，所以治邦交，昭文治，明礼让，息争端。臣不贰君，自不能受所使之国管辖。既不受治于所使国，则所谓利益者，皆其本国职分所应有，何待默许？更何能不许？如或不许，则不成宾礼，当绝邦交。故有别邦之使来，即有一定之宾礼。彼未闻礼教与君臣之义，故以一原而歧为二本，但知权利，遂从权利推求，出入支离，无有是处。

宾客舍议公法之原

宾客舍云："公法之原有二：理与例也。论战时局外之权，不可助此害彼，理也；各国君长平时立约，战时申法律，定局外者之往来，例也。"此尤生乱，不足为公法。谨案《春秋》之义，惟助义以讨有罪，不能徇私以伐无罪。约非信，则无约，假有约之国，理屈而亦助之，是助乱也。又如一国与两国俱有约，而两国兵事，则当谁助？其说立穷。正当用公法，以禁私约，何得引私约以为公法？今各国之私立约，正如春秋之盟。盟者，末世之事，《春秋》所恶。故于公会一二国特盟皆书日，以讥不信，于公会诸侯合盟，始书时以示信。而特衰胥命于蒲为近，正明众盟始可为信，私盟不可为信也。《左传》曰“信不由衷”，质无益也；《论语》曰“信近于义”，言可复也。明昭大信者，不必盟约，信而不近于义者，其言不可复也。如其扶弱抑强，助义诛乱，则不必立约，而可以相助。如惟利是图，而公法乃迁就立说，是公法乃助豪强兼并之书，去君子之道远矣。

海付达谓公法局于欧洲崇耶稣服化之国，或行于奉教人迁居之处，此外不能通行。孟斯德云：“各国自有公法，即夷狄虏人而食者，亦有公法。”互相遣使接使，并有和战条规，并无遍世通行之法。天下共信谓之公，至当不易谓之法。今称公法，而言仅行于崇耶稣之邦，又自比于食人夷狄之法，陋矣。盖人群萃处，无不立一条规。草昧愚顽，则其条规背谬，非其族类，断不遵行。文明渐启，则条教日新，推行亦必渐广。以此较彼，即知治分夷夏。由此推例，即知义有精粗。西人未尝不自知，惜乎文不同中国，经义渊深，又无人为之传习。至于交涉，反援引彼之公法，自入其网，龃龉不合，无所从适。从则势强者胜，由辨之不早辨也。

海付达

天下共信谓之公至当不易谓之法

第二条，新立之国，自主之权，行于外者，必须他国认之。旧国内变，他国或旁观不与其事，仍以国主视旧君。或视其叛民为俨然一国，或择理直者助之。诸国之公

诸国公法不审曲直

法不审曲直，助之之国，攻敌即可享交战之权利。但叛民与属国攻其本国，其得用此权利与否，必视其本国与外国所立盟约而定。西班牙在美之属部，叛而自立，西班牙固辞不认，而美英及他国皆认之，则一国省部叛而自立，他国认其自主与否，惟视与己国有益而定。西俗尚同，君臣无等，易君甚易。所谓新国，一则武将功高权重，逼其君避位，令众推立为民主；一则国教与民教自生歧异，其民不服，拥众自立；一则远处属地，异种之民，自别为国；一则国属省部，或因君有失政，叛而自立新主。不外四端。《春秋》之义，人臣无将，将而必诛。况逼君自立，当目为贼臣，邻国义当致讨。属地之民，本非其有，然既被征服而复叛，《春秋》恶之，"齐人歼于遂"是也。不言战使，若齐人自歼，不许遂为成国。但欧洲吞并成习，本以诈力取人地，尚无名义可言。省部叛君，虽或由君有失政，然非举国皆叛，则非民不聊生，揭竿亡秦之比，特亦枭桀之才，乘机煽乱耳。《春秋》之义，亦诛乱民，责于其首。书"三叛人以地来奔"是也。西域未被名教，不明义理，惟视与己国有益，即认为新国。夫所谓有益者，通商耳，赂地耳，杀强邻之势，联己国之援耳。通商《春秋》无文，赂地及纳贿，皆《春秋》所贬。赂地即"三叛人以地来奔"，纳贿者，"桓公二年二月，公会齐侯、陈侯、郑伯于稷，以成宋乱。夏四月，取郜大鼎于宋"。《公羊传》以为遂乱。受贿，桓之大恶，作者亦知，于义不安，不着断语，但引故事为证。而以"或择理直

所谓新国不外四端

《春秋》恶之

《春秋》所贬

者助之”一言，了此公案，此亦遁词所穷矣。夫果君虐，民不堪命，则邻国可起兵灭之，岂一二省部、一二权臣，独声其失政，足为信谳。舍虐民乱政，则无曲直可言。况诸国公法，并不审曲直，甚至其乱未定，竟视叛民为一国，或助叛民以攻其君，惟斤斤计较交战之权利与外国所立之盟约。其词甚鄙，何堪称法？此所以未能进乎中夏而均贫富、废国法之乱起于其后也。

又云：“邦国易君变法，其于公法可论有四：盟约一也，国债二也，国土民产三也，他国被害四也。”公师论盟约有二种，曰君约，曰国约。君约者，指君之身家，如保其身家在位，并私亲等情。若君亡家灭，其约自废。国约者，专指所议之事，在其事不在其人。虽易君变法，其约仍存，本于发得耳。近来公师多有评其于理不合者。盖约之行，不在约之具文，而在两国所以立约之故。变法易君，已失其所以立约之故，则约可废。彼学持论无本，故锱铢于盟约，与所以立约之故，而不知推本于何以立约之故。如定界何以立约？因两国不共一主，各治其民，非立界约不能正两国疆域。此约为国所应有，虽易君改法不可废。如通商何以立约？或两国交欲得利，互埠通商，已是由一时之议而定，可有而非必应有。或一国恃强，争彼国之埠通商以为己利，尤不应有而有。此等盟约原依势而存，易君变法，其约自废。其馀若于商埠置官设兵，在他国建堂传教，以此例推。《左传》云“盟可寻也，亦可寒也”，君存尚可寒，君亡何不可废之有？论民产云：“国

盟约二种君约国约

公师发得耳

此等盟约依势而存易君变法其约自废

法既改，国土归新君管辖。叛民之败事者，新君可将其产入公。倘变后又变而复旧政，民产凭国权而入公者，则夫该地之新主能守与否，未易断也。”此由无礼义以决是非，但凭权力为予夺，故其词依违。夫新君之所谓叛民者，必旧君之义民也。新君将其产入公，是诛其异己，乃国主之私权，非天下之公义。至又变而复旧政，则所谓其地之新主者，即与改国法之新君为敌者也。既不承其国，即不奉其权。既不奉其权，即不能守其所夺于人，以为己有之地。如因利于己而欲守之，是与彼同为劫盗也。至夺人地之君，至此国已非其有，权将何所丽？公法谓凭国权而入公，其词自枝，又焉能断？《春秋》“晋侯使韩穿来言汶阳之田，归之于齐”，《左传》“汶阳之田，鲁之旧也”，《穀梁传》“于齐，缓词也，不使尽我也”。《春秋》嘉晋之返齐侵地，明不夺人之义，而汶阳本鲁旧田，齐不应先夺鲁田，故加“于”为缓词。以例正比反比，则公法此条，所谓新君所夺者不当夺，其地之新主虽能守，亦不当守也。此狱易断，而公法如此依违，故曰“夫礼者，所以决嫌疑，定犹豫，明是非也”。

凭权予夺其词依违

二十年十月，方著《公法驳正》未成，倭警日甚，遂辍业。明年，还自欧洲。十月检行箧记载付印。惟此类未完，举所已成，附入见例（育仁记）。

附：宋育仁时务论□

与议政者言复古，则郡焉舌桥，而咤且迂笑之。与议政者言救时，庸者曰“幸相安于无事”，谀者曰“天下治安久矣，盖胜前古，非所得而议”。夫言治者观于目前之效则易明也。今内则国藏空虚，民不安业，会匪潜结，伏莽之戎屡起。近三年之间，前后以十数，虽旋即扑灭，而滋蔓已深。外则先亡琉球，旋失缅甸、印度。近者法夺我越南，英人进规藏卫，朝鲜叛而外附，俄坐收帕米尔地千里，藩属侵削殆尽。外国富强，中国贫弱，不可以言治。我欲无事，彼屡生衅，不可以为安。于是习于夷者，未闻治道，欲一切易中国以洋法，不求其意，惟称其法，不师其法，惟仿其器。竭天下之心思财力，以从事海防洋务，未收富强之效，徒使国兴聚敛，而官私中饱。此不揣本而齐末，故欲益而反损。于是拘于墟者，闭明而塞聪，耳食

言治者观于目前之效易明

不师其法惟仿其器

而目论，以为一切宜报罢，不者以为天下殃。问何以策此时，则乌猝嗟诿之于无策。然则古诚不可复，时信不可救，虽有圣者，无如何哉。习于夷者曰："世局之变，非圣人所及知。外国之善治，又圣人所未见。古今变局相径庭，不能以圣人之言治治也。即有圣哲复起，亦必师于外国。"拘于墟者曰："中国自有法度，富强或圣人所不取，未闻变于夷者也。"二者之论，交哄于朝野，不和于中国，而臧与纥皆亡羊，其谬相等，皆亡治术之本矣。夫不能富强，且不可为国，又安能致治？夷夏之辨，岂因富强乃夷之乎？世局虽变，富强之道则不变，岂可以己之无术，厚诬圣人乎？

圣人论治始在富强

以余观圣人之论治，先富而后教，由兵而反礼。其始务在富强，其术具在六经，而《周官》尤备。外国未习其书，而能得其意，故专勤其始务，而遂收其初效。中国蒙承平而安之既久，书生不问时务，仕者守成法，又不求经术，故习其书，乃反亡其意；猝见外国之富强，震惑于心目，以为自古所未闻，圣人所不及。是非惟不知圣人之治术，并不知外国之富强何由而致也。诚求外国富强之故，乃隐合于圣人经术之用，则言救时之策者，孰有愈于复古乎？请证其效。

救时之策无过复古

外洋之富，在工者四。凡一都会，率有工作厂，一区以至数区，或官督而工作，或民集股为公司。其出入一听于主厂会计，而百工服事受值焉。此《周官·考工》之事也。昔者尝以《冬官》为阙矣，以余观《考工》三十

外洋之富在工者四

工，即《冬官》事典一职。言乎审官则当，言乎出入有稽，言乎兵制则备矣。《冬官》盖未尝缺，河间所得为完书，非取而补之，盖故书然也。五官皆自卿至下士凡六等，其下乃有庶人在官。冬官三十工，皆不比于士，而其上塘僚焉。斯读者滋疑，求其说而不得，故谓之缺耳。夫孰知事典之为职，非仪文之谓乎？司空为三公之兼官，其属士夫，分领于五官之属，犹监督也。经则既言矣，“坐而论道，谓之王公；作而行之，谓之士大夫；审曲面势，以饬五材，以辨民器，谓之百工。”明乎百工之事，固不可以治且为也，故以别于士大夫，而谓之事职。其食由下士以降，其等视庶人在官，而又日有省察，月有考工，以上下其食而诛赏。故月以能奠食，以世事教能，则民不失职。日省月试，饩廪称事，所以劝百工也。经意甚明。其金革羽毛，骨角珠玉，漆枲丝材，征于九贡，与及虞衡所掌山泽之农，初不烦出帑，而充牣自馀焉。举诸司空，命诸百工，制以成器，诚轻入而重出。民见其利用，不见其聚财，而府库已富矣。访外洋工作厂之制，民厂多于官厂，其金革、羽毛、骨角、漆枲、丝材，集财而敛赊，与古少殊，馀俱不异，其效一也。

工厂之制与古少殊馀俱不异

泰西诸国例皆同，平人有罪，则罚令坐监工作，以国服为赎，期满而舍，此《周礼》司空之役也。《周礼》：国之有罪，纳之圜土而施职事，役诸司空。又乡师受州里之役。要以考司空之辟，以逆役事，其役自三月至于期，上罪在司圜者，乃三岁而舍。言辟则为罪罚可知，言役则

以工代罚司空之役

为工作抑明矣。此则服罪者无闲民，役工者恒省费。其效二也。

俄、德、法诸国有工兵，供差兵，巡捕兵。尝取马队炮队步兵之羡劣，以充其额。此既不能乎工作，又未娴于武艺，故用以服工作之役事，部以兵法，则仍如卒伍，亦备非常征调。此《周礼》司隶之治也。司隶掌五隶之法，帅其民而搏盗贼，役国中之辱事，为百官积任器。任者，任重之事也；器者，任重之器也；积者，为之置顿收储；百官者，凡百官府也。即罪隶职所谓掌役百官府与凡有守者，牛助为牵傍之属。此则民无弃材，工无冗事，意在养民，而费已节矣。其效三也。

司隶之治

意在养民而费已节

车政画一

外国之车政咸画一矣。其自火车马车，载车东洋人车，皆作于公司。车出而税入，举国之所用。悉赁于数厂，皆有号数，以备简稽。此《周礼》巾车之职也。《考工》车造于轮舆，而入于巾车。夏篆、夏缦、墨车、栈车、役车凡五等。凡良车散车，不在等者，其用无常。凡车之出入，岁终则会之。凡赐阙之，毁者入赍于职币。职币敛官府都鄙，与凡邦用财者之币。古者有赐车马，故其始受车于巾车，无入赍事。毁折而入赍者，为将易之也。凡赐阙之谓，有出车无入赍，故阙而不会，明其馀皆会矣。不在等者用无常，则赁之于民，随其所用，法久少变通。其民用之车，或听民贸转。故《记》申言，命车不鬻于市。命车既数数而易，入赍自源源而来。良车散车，虽听民得贸迁，而官制精良，赁者自众，故天下车同轨而

巾车之职

富自生。外国无仪等，车厂不掌于官，而各公司以会为联，市价不贰，有掌于官之意。其效四也。

在商者四。其都邑按居户多寡远近而立市。同一业者州处一区，分段而立市租。视市之兴替，为市租增减。古者阛阓谓之廛。《周官》建国，面朝后市。其骈闾列肆，皆度于司空，营于匠人，以授民居，而令之赋。因以廛为市租之名。孟子言许行之徒，捆屦织席，故愿受一廛。记曰“市廛而不征”，谓惟取市租而已。廛人掌敛市，质布罚布廛布入于泉府。古者典质掌于官，市禁多举罚，制尤密矣。而且勿具论，廛市之取市租则甚明。惟立市则掌于内宰，属之王后，此先王之礼文，顺阴阳之义，其实亦君主之矣。司市以次叙分地而经市，以陈肆辨物而平市。今外域市分地段，同业而居，异市或联为一公司，盖得其遗意。分地段则价不得私诡，联公司则货无所居奇，而亦不至踊滞。市租所入，以市业为衡，以屋舍为限，即无有畸枯。其效五也。

外洋之富在商者四

以廛为市租之名

夫商贾之事，货财所出入，非情通而事习，则干没中饱，浮费之事多，不能以官法治也。外国之市利，君民共之，官商共集股，而商主事。凡一市事皆立公司，数公司联为一商会，皆有首董。凡商会之程式，皆定于首董，而质成于商部。其市肆则由首董自用贾人。《周官》常用贾人矣。其次在府史之间，则官总其司，而贾为受事。至胥师贾师，至于肆长。由二十肆一人，以至每肆一人，上无所统。胥师掌其次之政令，而平其货贿，贾师掌其次货贿

官商集股而商主事

之治，辨物均平，展成奠贾，则事专其成矣，而无爵等，则犹之庶人在官可知也。此如今豪家之用主阛，举肆以付之，惟以时权其子母，稽其盈耗。胥师贾师及于肆长，其秩为庶人在官，则禄不得加于其等，盖令其入财共贾以孳息。此既习于贾，又习于官，则情通而事治。其所司又系于己利，则干没中饱浮费之弊不生，而国之生财可坐而理。肆长言敛其总布，则其肆不专主私财。西例商会公司，皆民间集股。公家如入股，付官本以听于公司。如别立官肆，则稽于商部，从其商会公司之式。主肆皆用贾人，积资劳以次升为总办。得积财以附股，而不奖以官。其效六也。

商会公司民间集股

中国关税似密实疏

中国之关税，似密而实疏。老子有言：治大国如烹小鲜。鱼烦则碎，治烦则乱也。处处而几谨，步步而留难。商不困于征，而困于旅食；不耗于正税，而耗于中饱矣。诡漏之途愈兴，关讥之设愈密。一局则委员管记吏胥以数十计，既縻费正等，而侵渔又倍焉。名与实交失，其何取于此？外洋诸国，于税务惟征于所产之地，核于出关之始，税于所鬻之乡，凡三则已。与之质剂，听其行远，关则有讥而无征。取税之途既简而易稽，司关又绝其入财之路，则诡漏者少，而中饱亦无籍而施。此于古为尤近也。《周礼·司门》："几出入不物者，正其货贿，凡财物犯禁者举之。"旧读"正"为"征"。以余观《周礼》，无假正为征，则谓正其不正也。不物者，为器不中度。犯禁者，货之禁出于国门者也。故其罚重，并财物而举之。则

外洋诸国取税之途简而易稽于古尤近

司门无征国中之所产，与若成器，既税于中国明矣。“司关掌国货之节以联门市，司货贿之出入者，掌其治禁，与其征廛。”征则关之征也，廛则市之税也。关征而及廛则何居？盖贾于国中，则廛取也少；贸迁出关而行远，则廛取有加。市廛而门讥，至关乃综其出入，三者联而若一焉。故曰“以联门市”也。然后所达货贿者，则以节传出之。犹今洋货入关，随其所往。其效七也。

管子有言：古者立其君而手实，故兴盐策之利，计口以授餐，国富民而亦足，而轻重之法亦由此行也。俄美及泰西诸国，每一都会宽乡，其民产岁出若干磅，及先令、法郎、卢布，皆有简稽，职于总司会计度支官，而质成于户部。视今岁之所入，量来岁之所出，以为赋税增减之数。故下不得遁，而中不得饱，取之裕如。今中国乃稽于临取之时与既取之后，谓之比校，此庸有及乎？虽严罚厚赏，犹不能禁，况赏罚皆有常宪，恒不逮其所获，则何为哉！即诚有竭力奉公，而有资于上，或重困于下，何则？未得其轻重之实也。《周礼·小司徒》“稽国中及四郊都鄙之夫家九比之数……颁比法于六乡之大夫，使各登其乡之众寡”，六畜车辇，辨其物，以岁时入其数，而州长以下，咸以岁终会成司会，以九贡九赋九功令财用，而听其会计。以诏王及冢宰废置，事事而周知，量民出以为国入，未有以国而患贫者也，况天下乎？其效八也。

视入量出以为赋税增减之数

泉币者，所以剂百物之盈虚。物产丰则钱值昂，物产歉则钱值减，故有轻重之名。有时多亦患，有时少亦患。

泉币者有轻重之名

今徒知少之为患，而未知多之为患也。外域之地产不饶，钱价常轻，物价常重。其地举财若易，而日用亦不资。此泉币浮于物力较然也。故彼法广采五金，制钱币以徕远货，利行贾，于中国地产尤致意焉。先王之道则何术不备？乃矿人则为之厉禁而守之，非时不采。职金之掌金锡，受其入征者，则颁于为兵器之府。大府、内府、外府，职内职币所司，皆九贡九赋九功之入，逆考敛弛而已。泉府惟取市之征布，敛市之不售，贸迁有无化居，而鼓铸无闻焉。夫岂缺略而无征？盖知钱币之本矣。《司市》曰："国凶荒札丧，则市无征而作布。"凶荒则地产不生，札丧则器物少成，物少则价昂，而民财将不给于用，于是乎作布以徕远货，达敛藏也。此古与夷事相反，而因时度地，以操轻重平准，其意乃幎合。其效九也。

因时度地以操平准

外域刑简，民丽于法，皆罚以出财入官。其听讼也，官司重取焉，明著为令。罚之为政古矣。《尧典》"金作赎刑"，《周官》之言罚者屡，《司救》曰"民之有邪恶者，三让而罚，三罚而士加明刑"，"其有过失者，三让而罚，三罚而归于圜土"，胥师之有诛罚也，质人、司关之有举罚也，廛人敛其罚布矣，职金入其罚金矣。于后甫侯训刑，更详定罚锾之格著以为律。夫财者民所爱惜也，而丽于刑，而命之赎，方且感上之仁，耻诸明刑焉，则亦弃于人群矣。临以劓刖之严，民知罪当而幸免，即亦不敢多方以逃罚。此与明刑肉刑，相须为用，圣人意深远也。夷固未足知此，直以罚金为罪，尚且行之而行矣。《司

外域刑简民丽于法

寇》以两造禁民讼，以两剂禁民狱，令入束矢钧金，然后听之。今中国听讼，有司亦取财，而以为陋规，不敢上闻，则何不较然而明之为愈也！外国因此而讼转稀，常会其罚入以供役费，则相当矣。绝私贿之路，而有养吏胥之资，其效十也。

绝私贿路养吏胥资

外国之强在利器。水以铁船为主，陆以炮台为主。枪炮之利，则水陆共之。其修守战之备，竭力讲求，不惜劳费，务求制胜，此为古之所无。然而古之兵车，今之铁船也；古之弧矢，今之枪炮也。三代立国，皆在中原平野，有井田径遂沟洫之限。车攻而马甲，进有冲锋之锐，顿有坚城之守。两军相撞，坚韧者胜。未有枪炮，则弓失为利兵。一将受矢，三军羽下，进与马谋，射必中贯，战陈之能事毕矣。故《周礼》射御等于礼乐，文武之用也。一物而工聚者车为多，《考工》车人、轮人、舆人、辀人之分事，其于曲势规万尺寸水县权量，委曲而精密矣。而弓人、矢人之辨器，其于材干角筋胶丝漆镞羽笴，且治之以四时，审析于毫末，他工未有其详焉，谓为利器则然耳。兹事不同，而同于其意，其效十一也。

外国之强在利器

兹事不同同于其意

兵制各国不同，英用募补额，额兵之外有备兵，出于额兵之羡，与商会民团。德法凡丁壮皆充伍，区为四等，朝暮操练者为额兵；五年后，每岁入营操练一月者为备战；四年后家居习武，以时赴操者为团兵；五年后，在家待征者为备兵。俄国陆军名目尤多，有马队步队亲兵，步队炮队守兵，巡界稽税马兵工兵，此皆无与于征调之事。

各国兵制不同

惟马步战兵炮队战兵，为备战耳。亲兵将出则从。守兵备守炮台。巡界稽税则有常职。工兵则守官物，修铁路，传电报，造桥梁，治道路。大率萃处而用众之事，皆部署以兵法，编之为卒伍，故事不难治。习于军法进退，则气质强固，而非常征调，亦可备以为资。此兵家之权谋。而《管子》之所为作内政，而寄军令也。管子盖法先王矣。《周礼·司徒》会万民之卒伍以起军旅，通率六乡家二人而有十二军，常所征发无过家一人，以馀为羡，则六军也。此为战兵。由羡卒、游阙以选，六遂则以甸之法起军，皆为羡卒。其出长毂谓之广车。公邑家邑亦以甸起军。其用主守，如有征发，则县师受法于司马，稍人以县师之法治其政令，帅而以至。其都家之军，则都家司马掌焉，以听于国司马。皆主于守。掌固所谓颁其士庶子，及其众庶之守，以通守政。举国皆兵，而调者寡，守者众，则相倚以为固，更代以均劳，其气自倍。平时皆有事守，则不致坐养其骄惰，而材力亦纾。其效十二也。

兵家权谋

平时皆有事守不致养其骄惰

工兵既同于司隶之治矣，而稽税之有兵，与通衢都市之设巡捕，于古亦有征焉。司险之为守禁达道路也，则徒四十人。司隶之搏盗贼守厉禁也，则徒二百人。每隶又百二十人，合五隶而六百人。野庐之达道路，诛相翔禁径逾比修除也。徒百有二十人，其事则巡界沿途也。其徒视他官为众，虽不名为兵，什长以胥，犹之编伍也。常以严肃为治，则官司不骫骳，而民且相习以整暇。此亦兵强之所由，不可忽也。其效十三也。

稽税有兵市设巡捕于古有征

外域政制

夫外域未尝闻先王之道，而其效往往合于古时者，上下之情通而损益之途广也。中国有首出之圣人，措正执中，一举而天下治。彼盖历千有馀年，智者议之，能者行之。议非一人，行非一时，然后规模略具矣。民献其意，主决其计，官司专守，以责其成。事有不便，不惮于更除；议有善者，未尝不举用也。合古今众人之心思材力以兴利而除患，则必有其善之善者也。乃观其善之善者，则先得自强之本矣。彼国有上下议院，上议世爵为主，下议士民为主。两比而从其众，两持而折其中。《周礼》宰夫掌“万民之逆”，逆者如上书矣。是民得以言达于上也。司寇“询国危”、“询国迁”、“询立君”，则举其重者。而兴贤与听讼，又皆有询众庶万民之事。上下情通，则文具之法无焉，而弊之泰甚者亦去矣。即诚不恃以行政，不曰周知民隐乎？

外域学制

彼国之学，皆出于书院艺院。民五岁以上，无富贵贫贱，皆入小学，违者罚其父母。小学谓之蒙馆。年十七期满卒业考成，入于中学，谓之经馆。卒业考成，入于大学，分科而课业。卒业考成课最，即为其学教习。若艺科者，或为官厂总办；若法科者，或由刑部举为公家律师，即授以职。所教即所用。于群萃州处考校谓之成，此犹有乡询众庶，宾与贤能之意。无贵贱皆就学，此犹国子贵游，与俊选同师也。虽所教不同，而同归于一道而齐俗。故古者师道立则善人多；今外夷师道立，而能者众。

古者师道立善人多外夷师道立能者众

人情贫富不敌，十则服，百则役，贪生于不足，则处

禄以驭富其旨深微用有两端

脂而思润矣。古者禄以驭富，其旨深微也，其用盖有两端：一则使夫受禄者之财，足给其宫室车马衣服，起居日用，恒敌于富人，则持公奉法之念盛，而富者不能以财势相凌夺；一则使禄以位隆，体国而家自足，然后六计以廉弊吏而督责可施。故曰忠信重禄，所以劝士也。汉得其意，而不得其治源，故法律贱商人，禁常有市籍者，不得为吏。唐宋则朘民以附官。明则讲以空文，而私敛陋规，

外域选制

鬻公纳贿之风起。外夷以商立国，以富为本，乃易兴氓，而选士于商，限岁入财若干，出税若干以上，始得举入议院。其各部长官由相举，虽无限富明条，贫者未尝与选。其下官司亦称事而制禄。大抵所司巨者其俸多，无禄轻而任重者。此诚不知驭富之深微，然颇简易而情得。彼国上多重敛，富人皆兼并。近者俄罗斯豪猾，结党钩连，举此二者为言，煽民作乱，欲变易其君为民主。法国既为民主，而乱党日滋。然而重敛者如故，兼并者如故，而幸安

贫民虽多饥寒者少

无事者，重敛而或散，兼并而能施，贫民虽多而饥寒者少也。其国男女书院，工商学馆，养济院，医馆，皆为之竣闬广厦，衣食饶给，贫者有所资生，艺成有以谋事，故游

大司徒以保息六养万民

惰日寡。昔者文王施政，先于穷民，大司徒以保息六养万民：一曰慈幼，二曰养老，三曰赈穷，四曰恤贫，五曰宽疾，六曰安富。族师八闾为联，使之相保。遗人乡里之委积，以恤民之艰厄。门关之委积，以养老孤。古之为治，先正经界，均民田，兼并稀而贫无业者少，故如此而已足。至于疾医疡医，养万民之疾病，非惟医之，又且养

之，与彼之医院同矣。彼惟厚聚，故必厚施，且养且教，而游惰日寡，故贫富虽甚不均，而民和乐。倘其重征兼并，而无此剂之，将乱且不图，而又何富强之与有？

夫法之良者，美于其意也。制之变通者，因于其时也。由彼已成之效，求其富强之术，稽之于古，而意不得通，则谓古今之民殊，谈经术者为迂阔。由今之治，无变今之习，即不必富强，而幸可无患以长保，则谓中外之势殊，言更张者为多事。然今中国之患弱而忧贫，路人知之矣。敌国之富强，反求于古则备，用经术而富强立效，天下大安，敌国怀畏，有长久之福，圣治之名，则何所顾虑而不师于古？昔者王莽用《周官》以自亡，王安石以经术为祸于宋，议者遂以此为经术病耳。是不揣本而齐末，惩于沸羹而吹齑也。非为吹齑，又且废食。王莽借经术以文奸，于经术未始有闻也。《周官》自治王畿千里，而王莽以六乡六隧尽四海之域；《周官》乡隧什一而彻，其采乃九一而有公田，莽则尽天下兴王田矣。安石学本申韩，特缘饰以经术。考其行政，惟手实保甲，有经制之意，而欲以文，告令天下不习之吏，无率而自从，一时而具举，先王之治如是乎？我未之前闻也。古之为治者，皆自近始矣。近者耳目先周，而成效易睹。效著于近，则远者令之而见从，行之而见由，故曰正朝廷以正百官，正百官以正万民，《周官》之治也。故曰内其国而外诸夏，内诸夏而外夷狄，《春秋》之志也。故《尚书》曰："克明俊德，以亲九族；九族既睦，平章百姓；百姓昭明，协和万

敌国富强反求于古则备

邦。”故《孝经》曰：“本于家邦，施于四海。推而放之东海而准，推而放之西海而准，推而放之南海而准，推而放之北海而准。”未有不通其意，而能行其法者也。彼病不明经术耳，何足为经术病？将明经术之效，先有变法之疑。公卿士夫尝摇手动色以相戒矣，谓立子孙之朝，不宜变祖宗之法。为此言者有似于忠且敬也，实则妨贤病能，而不恤国家之急者也。昔三代之制度者皆圣人。前圣后圣，而必有损益者，法久行而必弊，人情久习而必迁也。故文质三统，敝则又更，周而复始，因其时也。当祖宗定制时，因明之制者十九，惟去泰甚，与臣民相变革，非择而取之，亦因其时耳。曷尝命之曰：“万世守之，毋少损益”哉？不宁惟是。开国之制，至圣祖定为成宪。雍乾之治，已异于国初。嘉道以来，又数有改易。其因时推移者，且缘案增例，酌为章程矣。祖宗之朝，固因时为损益，此不宜于效法乎？不宁惟是。咸丰军兴之际，文宗显皇帝毅然宸断，易直兵而召募，破常例以用人。两宫皇太后继之，天下卒安，拨乱而反正，此不征效愈近乎？不宁惟是。军兴后而洋务起，海防战守之备，驻洋交问之使，祖宗朝所无也，因时之制，则不得已。夫外患之猝来者易觉，而内治之积弊者难知，积弊至于此时，而甚必更张者，亦诚不得已之势也。彼不疑于变法，此独疑于变法乎？今将决天下之计，必先定天下之疑。今将定天下之疑，则莫如因敌国已睹之效，以明经术之用。初之所言十三效者是矣。

（将明经术之效先有变法之疑）

（将决天下之计先定天下之疑）

在工者四，而工兵之与罚作，一属于刑，一属于兵。先言其在工科者，《周官·考工》以辨民器，举民间之所用，皆造于工官，后世相承，袭其名而亡其意，工部所掌，惟以供御而已，无与于百工之事。古者立考工以富百官，今者立工部以耗国用。其名存实亡，与古相反，此为尤甚也。今外国凡都会，皆有工作厂，皆统于其工部，事有章程，工有等饩，物有奠价，出入有会计。凡大宗器物，用汽机制造者，皆出于厂。凡创一机器，精于国家给与凭据，保其专利批发，馀人不得仿造。故公司虽民业，而与官厂无殊。惟作器材料，《周礼》征于贡，彼出于采买；立厂程本，《周礼》出国帑，彼则国与。民集股而分财，顾周官所治，止于畿内千里而近，材料征于九贡，不为烦苛。今则郡县辽远，自以采买为宜也。材料征于贡，程本自减轻，故出宫帑而已足；采买材料，则程本重，非集股不为功。且古者食于工商者少，故官独治之，民以其所有交易取用焉。今世业于工商者多，不与合财而共利，则为夺民业矣。皆自然之势，推行而尽利者也。

古立考工以富百官今立工部以耗国用

今有工部，复有内务府，宜以供御之事，一归之内务，而变通工部衙门旧制，复周官之政，而参以外国之法。先责令工部司员，晓习工事，若算若舆图，若营造若制作，若鼓铸，分其门目，务令知其所司。由一事以上以多能为课最。不愿习者对品改官，仍归部署。国与官民共集股，首立厂于京城，统于一署，而分为数区。凡为竹木作、五金作、玉石作、织绣作、漆染作、羽皮作、陶匏

参以洋法复周官政

作，视京师之成贾，而鬻多者皆作焉。延外国艺士为师，就厂各附设艺学馆，招工以数等之价，且教且作，以时稽其良窳而上下其奉。则官督之每一作有都工，由洋艺师考课而升也。都工得鸠群工之股财，以入于官股。欲学为徒者，以都工为师，其采买则用贾人，如庶人在官。其奉与入股，视都工为例。除工贾有常职，其杂项供役，则编之为卒伍，以为工兵，月有常饷。其厂作有定价批发，与市价相平准。惟服物之有关品秩者，如章服翎顶貂裘朝珠之属，则以公财占买。民间所已成不法者修治之。令立厂以后，皆由厂批发，民市不得私造。此礼经之义。既足以明制，且可以生财，兴工而其事自举矣。

兵器舟车工之大宗

兵器之与舟车，为工之大宗，宜改武备院工作厂，隶于工部。程本一出于公帑，而别设专官监督，以重其务，官督而工作，如他厂之制。湖北既立铁政局，足为工务提纲。南北洋旧有枪炮火药作厂，宜令相联为一，自铁自消。精铁良钢，入于枪炮厂，次者入于五金作。而别立察验署于京师，选明制造之员典其事。凡铁钢枪炮药弹之式，皆解署察验比较，定其良楛等差，核其价值，采买外国者亦如之。近京各省，车用甚广，宜专立一厂，聚工而作。今民市所造车，笨滞而无度，惟以任载耳。宜择司员通晓其务者，督选良工，因旧式而损益。《周礼》车凡五等，制可考而知，岂必寸寸而铢铢。先王之礼意，在于制足明等、器足适用而已。今外国马车，行于中国者有二等。北地之后轮、大鞍、箱车，凡三等也。比而合之，五

近京各省车用甚工宜立一厂聚工而作

等可备。益以东洋手车，合于良车散车。不在等者，其用无常。民间用以代步，价廉而制不侈。其五等之车，以四等为命车，以一等为庶人乘车。命车则禁民私作，不鬻于市。乘车则听民便作，随其贸转。既不夺民业，又足明等，且以生财，一举而所益者众，又非有难行也。外省省会及通衢，令先平治马路，同时立厂。国保其专利六而官民集股，工食科条一如京师之制。

今修船政长江为纲湖北立厂

南省船之用广于车。长江首尾七省南通湘而北达汉，自重庆至上海，处处皆通马头，诚水道之交衢，商旅之富薮。湖北又当上下江之中，湘汉之交，为诸省之会。今修船政，则必以长江为纲。规画长江，则必于湖北立厂。议造船三等。机艇一式为一等，专用设机鼓轮，不以任载，令其力专行驶，能带多舰。官舫深底高舱，大小二式为一等。商船深底低舱，俱一式为一等。于吴淞、镇江、江宁、芜湖、安庆、湖口、九江、汉口、荆河口、沙市、宜昌皆修马头。每一马头，安设机艇若干艘，官舫商船皆五倍之。机艇不令行远，但于马头两戒，往复而交替。水程既熟，无所阻滞，往返而近，无所稽留，节节传带，每顿而为定价。官舫商船，以货为主，则随货所届而为定价，省登下之烦。其近游商旅，则听招商轮船行之矣。江船利风，其行亦驶至彼，一顿风利，则自行一顿，不需传带。常令机艇上风带下船，下风带上船，帆船常可省半程之费，则途旅悦从而洋轮之利可夺。机艇常可得倍程之功，则往返需十艘，而减五已给用也。辅以水师舢板，化无用为有用。令舢板与机艇为联，主水程保险仿外国保险法，为之定价。官舫令舢板传递护行，而商船亦附及，杂色民船愿随带愿保险者，但出其顿价，亦得拖带。保险与商船一律，收轮船之便利，明中国之制度，习水师之劳，无烟筒爆裂焚烧之险，顿置严明，传护络绎，水盗之患自息。遇有风波骤险，停泊机艇随带舢板，赴救自易。自宜昌以上，湍峻水飞，机轮不利，民船之行者又极险难也。即不为工商兴利，犹当为途旅虑患，而有以易之。今既修峡路，达于巫山，其工虽沽，而基已立，因其址而削高埤卑，为功颇省。可续修以达宜昌，施铁轨行火车，上至夔州，率一日程而为之野庐候馆。夔门以上水少平，然数有峻湍险矶，可揆势而修通，仍用机艇，辅引帆船，如下江之制。

欲修车政先治道路

顾船政车政，虽同时兴工而为之必有次第。经国自京师始，则车政为先。欲修车政，必先平治道路。《周礼》匠人营国度涂以轨，为经涂环涂野涂，至整齐详缮矣，岂有污芜不治，如今日者乎？古者兴大工，皆起徭役，均人所谓公旬。用民之力，岁不过三日。汉唐以来，有过更践更之制，犹行公旬遗意。夫修城郭沟洫道涂，与民共利之事，贫者均出其力，富民出财雇人以自代。众擎既易举，而偷工减料、侵渔克削之弊亦易清。今国之所用，亦无非取诸民者。顾所取在此，所用在彼；取之一时，用又一

中外兴工之异同

时。君与民隔绝不相闻，每兴一工，百蠹丛生，朝廷壅蔽而不能知。民皆知之，而不能过问。故惮于兴役，而工官

废弛。外国于道涂沟洫，皆分地域，令民自治。其地之首董，自议其工段与财，关于公会官与议院，议允以程章达于工部，工部核其工值当，保其权，则按户鸠财，举董僝工，不烦而治。故所在道涂廛里沟洫，皆修整如一。今治道涂，先自京师。宜参复徭役过更之法，分段按户，集财兴工，民自举董，而工官督之，道涂治而举政车矣。

在商者四：立市租，经官肆，制税则，综会计是也。复古之效在商者四《周礼》建国面朝后市，市立于官，其屋舍皆司空营之，商赁居而列肆，赋市租焉，廛人掌敛市之廛布是也。今外立市租国市场屋舍，虽建于私家，而有地税屋税市税，分地而立则，按屋而取租。颟若画一，此经商之政，最为简切，贤于关税者矣。司市以次叙，分地而经市，市业有赢耗，即市租因以为增减。故理市政，必以分地为纲，乃经之以官经官肆肆。《周礼》常有官肆矣，胥师贾师，至于肆长，其所职者，皆公司也。其人皆用贾，在官而无爵。其胥师至肆长，令相管摄，自为等差，不用官士参焉，一皆如今外国公司之式矣。作厂虽有批发，不得遍流通，必立官肆分销，百货乃无壅滞。议于京师及省会水陆通衢，出国财，立市廛，修治闾舍。京师则命户工两部，外省则命督抚同海关分巡道使，详议而审治之。每一货所居，分为一段。官肆与民肆，州处其间，皆令出市租。视屋舍多寡，定为市租平准。乃招商入股，以为主阓。必因其旧业，视其入股多寡，行能良乏，以为任事等差，略如胥师贾师肆长之相属。专用贾人，毋参用士夫，经以商规，毋治以官体。

其无财入股而能习商业者，由主阛保任，量所能而授以司，许以身俸之赢绫，入为股分，积年劳无失，即可升为肆长。《周礼》市治于地官，而财会于司会。今外国户部外有总司度支，与古制同。我国无司会计专官，则宜悉归于户部。率以岁终，稽其出入，课其赢耗而诛赏，诛以除夥夺事，赏以倍息分财。夫经商者富国之资，古今之效甚著。而往时试之而不效者，动以官法治，既不习于商，上下情不通，而中饱浮费之弊多也。而持空文者，又从而议其后，以为与民争利。夫必持天下之利权，始能均天下之贫富，此先王之政，所以立平准，通百货，而抑兼并之家，而国富乃因其自然之势。聚天下之财者，亦以为天下用也，特患私其财，而不知发耳，岂讳言富国乎？中国税务烦苛，而外国税务简易，利弊既言之矣。《周礼》司关联门市，掌征廛。征则关之征，廛则市之税，关征而及廛者，贾于国中，则有市租无货税，所谓市廛而不征，贸迁行远而利厚，则增以货税之科，以取于所出之地，犹地租也，故亦谓之廛。此宜取于国中之市。然虑有贩夫贩妇易于市中，而豪家敛之以行远。如今收买乡货成堆压者，则有漏税专利。而商政不均，故及门而简稽，及关而征其关税，加取市廛，然后达以节而听行远，故曰以联门市，正如今海关三联单矣。

综会计

制税则

外国税务

外国税务，取于所产之地，稽于入关之始，加取于所鬻之乡，出关则授以质剂，有讥无征。古者王畿千里，此外为他国，势不得税之于所往。今中国既广远，辗转贩鬻，道里悬绝，不取落地税则中途贸转者利厚，道地采买者利微，本处之货不自行销，而民业为商所病。列国分疆，利在商货来集，财用始饶。故货自外来，入关不税。今外洋本国小而属地远，利于揽利权，无取于徕远货，故出关不税，入关而重征。及其鬻而按取之，其实即落地税也。中国海关出入皆征，独不取落地税，无所统宿，乃步步为之关卡，局税烦苛而取多，洋关简易而取少，势不驱天下之商税，尽入于洋关不止。洋关税项，虽仍归朝廷，而耗于海防出使洋务局者大半。存者为朽蠹，不转注于别省。上徒见洋关之日益，而不问各省之日消。外省既绌于经费，又设法以别取于民。民生日困，且财入人手，把持之局已成。常则以公帑权私息，供洋党烹分；变则挑衅启戎，恫喝讹索之谋作。是我守籍，而人食租也。则何不变通税局，同于海关之简易？既除积弊，又收成效。然且不能无顾虑者：局税取多，洋关取少，当患贫之世，而进寡取之计，此必不成，夫利害之相形则易明也。取多则商顾而之他，取少则商聚而归我。驱而之他，则海防殚洋关之入，实不见一钱，而且授寇柄，赍盗粮也。招而归我，税轻而人不扰，则隐漏者稀，局少而事易稽，虽有侵渔者盖寡矣。税且日增，而何有于乏？且今之局务开销，亦极烦费正等矣。合各省厘局薪饷，度支以千万计，税项即绌于曩时。裁撤诸局，省其縻费，补苴亦略当矣。即曰不然，两害相形，宁取其轻，与为假寇柄而赍盗粮乎？曷若恤商而富吾圉也。

落地税

变通税局既除积弊又收成效

正本清源
增减有数

夫欲行简易之治者，宜先清其源也。在乎周知民物之数，定制原有户口之籍，令州县清厘增减，以岁时登下其数，亦犹行先王之道也。而积久废弛，皆为具文，其著籍与实数相差，不知其倍蓰也。《周礼》掌于小司徒，颁于乡大夫州长，登于乡遂之吏，职于司民，会于司会。其众寡六畜车辇，九贡九赋九功之式，辨其物，以岁时入其数者，何为其不惮烦也？民生之盈绌，国计之丰俭，而皆从此出。量出以为入，然后量入以为出，不可不周知而审计也。岂徒为征税计？即以为征税计者，亦必如是，乃可为也。今外国凡一都会、一市场，皆有民数。凡地出某货若干，会于作厂，合其都目，准以常价，计岁出若干磅，以时登下其所增减，务得其实数，责成于公司，会于总司会计。若工部商部以民数考出货增减，则知民情好尚与其勤惰。以出货多寡定物价，则轻重得其平；以物价为税式，则取适中，而隐遁者少。然后比较，得其情实，而浸渔亦绝。古之为征科者如此，外国之出税法者又如此，此可不务乎？

民之盈绌
国计未俭
皆从此出

今若责成州县，厘清户口，则久习为故事，必仍报以虚词，甚者局绅保正团董，纷然而四出，借端以惊扰乡愚。开局敛财，迟久而不报，及报则虚词非实者如故也。积习重深，至为难治，议自京师步军统领，属旗籍内城，五城御史，属五城坊，府尹属大兴宛平，仍其分治。分街道为地段，每一地段自三十户至百户而差，以经界易分明为主。其户数有多寡零奇，不必以成数相限。就本段居

择人主籍
业产分明

人，择举一人为主籍，除京官私宅不在所稽，馀户男丁女口，雇工奴仆，悉书其名数，以时登下简实，书其生业与其产。若士则有田若干亩，岁收粟麦若干石；若农则自田若干亩，或佃田若干亩，出佃田若干亩，岁收麦若干石，杂粮某若干石，牲畜丝棉岁鬻者并登之；若工则治某器物，岁出某器物若干，其鬻者几，其滞不售者几；若商则收买某器物岁若干，出售某器物岁若干。并业者并载，率以春时著籍，岁终核实。主籍各以其属，上于佐协领正副挥大宛县，佐协领正副挥大宛县会之；佐协领正副挥大宛县，各以其属，上于步军统领，五城御史，顺天府尹。统领、御史、府尹又会之。府尹御史步军统领，各咨于户部，户部堂司总会之。既有作厂官肆，则工商物价，可按而知。乃持筹而算之，岁出若干缗，举可知矣。外省则议分城市乡为三科，城有市统于城，乡有市统于乡，惟通衢码头，乃别以为市。城则以街道分地段，一如京师；乡则令一族而为一籍，族举一人为主籍，其注籍算亩稽产辨业，一如城籍之式。市籍主工商，虽有居民，无工商业者，亦统于市。就其市售之货，能成一宗者，以为工商类聚之名，令一宗而为一籍，谓若金工、木工、茶商、盐商矣。一宗者今市言为帮，凡帮必有会，会必有人为之首，即用会首为主籍，督清户口成器货居。彼固习焉，不劳而事办，皆责成各省布政司，择委明敏能任事之员，以专其任。毋定员数，惟其任使之人数；毋限班阶，惟其通晓立法之意。毋同时并举，纷然四出，即所择可任之员，转移

春时著籍 岁终核实

一宗为帮 帮必有会 会首主籍

督理，仍会同该管州县，以相钩考。先由近省首属州县，渐推而远，讫于边府州县。率有十员，则先办十县，竟又移驻他县。度一省则一年遍，而天下已遍矣。主籍以其籍上委员，委员会同州县，申于布政司，皆会计之，然后算缗。申于督抚，督抚以咨于户部。税务之源既清，天下之大，关津之远，征科坐可而定也。

复古之效 钱帛者一

在钱币者一。古者金三品，铜为赤金，其用施于范器为多，而铸钱盖寡。太公九府圜法，盖缘天下新定，更造钱币，以立百物平准。钱币与百物，一出一入，比以九式，算以盈不足，令两适而均。以九赋九贡入财之数，为九式用财之数。以九式用财之数，为九府圜法铸泉之数。三而若一，足以给敛弛之用，而流通不穷矣。故攻金六职，备载考工，而不典圜法之事。盖初时特立之，毕铸而罢。平时但权物价与泉值低昂，持其轻重，谨其敛弛而已。惟国凶荒札丧，则令市无征而作布。夫饮食日消衣月陈而器岁敝，泉则出入百年而不耗，转移千室而不减，惟私销者改作为成器，久久而破散。当损耗于初，而亦未有弃之者也。故流通则多，锢藏则寡。多则贱而物价为之昂，少则贵而物价为之减。物价自为低昂，则视地产民力所出多寡，而泉布居其间为之消纳。故《周礼》惟以凶荒作布，招远货之有馀，补地产之不足。譬若寻常物价，斗米钱二百以至钱五百，斤盐十钱以至钱七十，尺布钱三十至六十，木凳粗具无异工，银一钱至银五钱。用财多寡不同，而饮食服用不异。迁乎其地，民不为怪。则以夫为

流通则多 锢藏则寡

陶冶以易械器者，其得值亦相当也。外洋用金钱，旧价金钱一枚，当中国银三两有奇，今则当银七两。其贫人佣书算者，月得十枚，仅给一家四五口粗衣贬食；佣工月得四枚，多无力取妻。较中国银，则月入二十馀两，衡以中国物价，能资中人八口之家。洋工之在轮船者，受值月三四十元，才足给衣食。中国之食力者，月得钱五千，则充绰有馀焉。即小以推大，可知贫富之数。在财者虚也，而在物者实也。其黄金白金，古亦用以赏罚馈遗交质，而价不甚昂，民间用者稀也。锡以和煎佐铸器，铁之用兵为多。职金掌其征入，而矿人职矿为之厉禁，外州不得封禁则征之，畿内则非时不采，不欲与外以利权，亦不使财浮于物，末重于本也。惟列国争衡，相胜以富，始利多财，以远交而近役。故管子行轻重之法，广采铸之路。

今中外并立交驰，外国物产不饶，则广铸金钱，倍值以奔走中国之民，收其地产。既不能遏止，即不得不与争利权。云南既设矿务铸铜钱，广东用机器铸银钱，而无金币。外国上币，用金钱，一金钱换银钱二十。以金银较重，才十五换，铜钱十二枚，或十枚，当银钱一枚；以银较铜轻重，才十换有奇。我益铸铜钱，钱多而银值益昂。土货交易，皆用铜钱，通商交易始用银钱。银聚于通商马头，不流通于内地。土货之利益微，徒役贫民，以便末商之兼并，供洋人之垄断。于是中国钱币出纳之权，归于洋银行数家。悉以洋商在中国贸易之赢，买中国之金，运还欧洲。而中国钱币之轻重，举听命于金磅，适足为彼所

不铸金币之弊端

铸金币之益处

役。议罢铸铜钱，以铸权量百器，专用黄金白金二品铸金钱以持其轻重。饼金多而铜钱不加益，久之价当自平。金银价减，则彼入货如常，而出价当增。又有金钱，与之等式同重，则彼不得诡价，以抑中国之银，而利权归我矣。国初时银一两值钱八百，今值率一千五百。军务初平时，湖南金多，才估十换强，今则三十换而弱。金流于外洋，银聚于通商口岸，铜钱不利行远，但与土货自为转输。多之征贱，少之征贵，物理然也。谓宜大开矿禁，听民得自采，而官收铸。驱游民以归工，用金银以制币，币愈多，地产愈昂，则彼之人民为我役，而不致我之人民，奔走于洋商；彼之利器为我收，而不致日输我之地产，以为彼奉。一转移而强弱贫富之形立相反。夫钱币用以交易有无，而无实用。古时中国一家，故捐金于山不为过。今中外交争，则广铸以遏其流，而令返本，其义一也。

大开矿禁听民自采而官收铸

复古之效在刑者二

在刑者二：罚役与罚金是也。明刑之失官久矣。古者用刑人以服力役，后世费力役以服刑人。古者有罪而罚以出财，后世出财以养有罪。我朝承用前代之制，而尤加慎焉。矜有罪，重民命之意，至仁且厚。然而民情日伪，法网日密，耳目所不能周，故公牍皆虚砌之词，而律例为舞文之具。古者有肉刑，尧舜设之而未尝用。《书》曰皋陶“方施象刑”，郑康成、王充皆说象刑为画刑，荀卿且备言画刑五服之制，于书又有征。象以典刑者，各以其辟五等，制为罪人衣服，所谓常刑也。“流宥五刑”者，士大夫有罪当刑，乃比其罪深浅，而放流之。“鞭作官刑”

古之刑制

者，庶人在官有罪，比其刑辟，以鞭折责。“扑作教刑”者，士人在学有犯，比其刑辟，以扑折责，如官刑也。“金作赎刑”者，平人有罪，比其刑辟，以金折赎，免施象刑也。又申之曰“眚灾肆赦”，谓一犯也，一犯为眚，此在肆赦之条，记过而不科罪。“怙终贼刑”者，既施象刑，而后又犯，乃加以贼虐之刑，则肉刑是矣。于《周礼》又有征：《司救》曰“民之有邪恶者，三让而罚，三罚而士加明刑”，明刑即象刑。让罚至三，而始加之，其又怙终以至竟施肉刑者，盖亦希矣。故曰尧舜画刑，而民不犯。汉承秦后，循用肉刑，而不知有象典金赎，眚赦怙贼之律，故用刑过重，文帝乃起而除之。

今泰西欧洲诸国律有死刑，而无桁杨桎梏，特密于罚役罚金之律。此亦足以防民而法乃合于古。《周官》纳之圜土，役诸司空，复作之期，自三月以至三年而舍。又有男入于罪隶，女入于舂藁，宜有复期，如司空之辟。今外国民有罪坐狱，役以工作，大率粗功如柔韦制屦蹋轮之属，官督作而监鬻，即以其赢给其衣食。司圜所谓罚人不亏体，役人不亏财者也。诚虑狱中散弛，未能遽变更。既立作厂，必设工兵役劳事，议自军流以下，以三等之罪，比其期而罚作，分隶于作厂工兵，既省军犯递解之烦，复节坐徒养囚之费，而收其用，狱隶又不得因缘敲剥，施非法之刑，致囚多死。司救言三让而罚，职金入其罚金，《尧典》“金作赎刑”而甫侯训刑，明定罚锾之格，见甄于书矣。泰西各国，犯禁争讼，皆议以罚金。先王之意大

泰西罚役罚金之律法合于古

可知，外国行之而又果行也，诚思明刑弼教之深远乎？谓宜尽法尧典也。如不肯骤更，而求其次。今军台有告疾，缴台费罢遣之科。在官过犯，有罚俸之比，推广而增条，不为变乱法度。议自军罪以下，仍以三等折赎，比而罚金；三等之中，仍别公罪私罪，以殊轻重，令刑部详议章程，增入则例。富人则罚金，贫人则罚役，又可相通而办，不致滞碍难行也。

复古之效在兵者三

在兵者三：变武科，修兵制，治公徒是也。铁船炮台火器之利，与古不同者，由立国之形势先异也。古者画井分疆，以圳遂沟洫限戎马。大司马之教陈，因其径畛涂道，以为偏伍行列，步步而为限，百里而一国，故为之军礼，制以兵车，取足以制侵陵，而杀伤者少。非圣人不能为火攻利器也，以其地形国势之相制，为攻守者如是已足也。春秋始用步卒，战国始用骑兵，《墨子》城门、冲梯、军械诸篇，即已谈火攻机器矣。今中国为一域，四海开通。万里而趋战者，攻利猛；攻猛者，守利坚。故铁船火器炮台之长技起于海外，而诸国皆效之，势不能遏止。昔中国之圣人，未尝自制杀人之器也。蚩尤造五兵，圣人不能禁，乃因而用之。外洋造火器，既不能禁，即亦当因而用之。开国时，八旗绿营，皆为劲旅，旗兵承习骑射，将领由是拔取。武科取士，亦以步箭为宗。既兴枪炮，则弓矢不为利兵。且军兴以来，将皆出于行伍，武科实无所用。谓宜停止此科，用其人于编伍。古者文武无分途，选士于射者，实造士于学。今外国若德法，举国人皆入武，实举国人皆入学。其为兵官者，别立学堂，课业而升，以考课为拔补次第。宜就京师及各省，设武科大小学，令武生武举入各省小学，以饷为廪，由督抚考成技尤，以贡于大学，侍卫武进，入京师大学，由兵部考成，课最而授营职，令习知舆图海线，兵轮驾驶，火器炮台，施运制造之法，以收实用。其旗兵，则竟易弓矢以枪炮，训练拔取，一如旧制。

军事学堂 文武兼修

上将伐谋，使敌不生心者，彼之长技，我国尽人而皆知，所谓先为其不可胜也。中国直兵，自军兴时已不可用，于时别立勇营，事平则疲于养兵，不得不议裁减。裁则无所归，于是聚为会匪，散为劫盗。治之目前不可胜治，积久难治，且有伏患。顷者法人美生怀窃发之谋，结连会匪，几大半天下。既约会期，一处举事，潜伏皆起，可为寒心。幸而发觉不成，而谳以英律，坐监而不诛，中国不能罪也。使我无会匪游勇之腹患，彼遽能思逞乎？我之腹患不除，而美生犹在，戎生心矣，黠桀横扇者，庸岂独一美生乎？欲杜乱萌，在修兵制。《周官》之起军旅，有正卒，有羡卒，有游阙，有都家之军。都家之军，起于都家，而听于国司马。游阙起于公邑家邑都邑，而属于掌固，与国有司。羡卒起于遂，正卒起于乡。正卒常所征调，羡卒以备更番，游阙主游巡，补羡卒之阙，与都家为联，皆主于守。正卒由羡卒以选，羡卒由游阙以选。选于游阙者，令移于遂；选于羡卒者，令移于乡。兵将相习，文武为一，出者皆精卒。其羡三倍更番，而游阙以待补，

欲杜乱萌 在修兵制

兵制立而自强

巡儌与守者，鼓鼙相闻，而达乎四境也。故兵制立而自强矣。外国兵之名目甚多，然其实亦战兵、备战兵、巡兵、守兵四等。战兵由备战兵拔补，备战兵由巡兵守兵拔补。战兵先发，备战兵以次代更，巡兵守兵亦备番代，非常益兵乃发。此外有亲兵，工兵，巡界稽税兵。工兵税兵巡捕，于古为司隶司险野庐之徒隶。此皆无与于战阵，惟以兵法部署之。今纵不能易召募而起徒，宜仿四等，变通旧营，而为之制。议以勇营为战兵，分为正羡。沿江滨海省分水师为要，则以水师营为战兵，陆营为备战。东三省、北五省、云贵四川广西，陆师为主，则以边营为战兵，中地营为备战。令总督于巡阅时，督同提镇核实甄别，限年五十以下，二十以上，核以身材目力气力超距，如俄国选战兵之格。入格者补为战兵，不及格而合年限犹堪训练者，调移备战诸营。常令备战兵两倍于战兵，多或三倍以为率，限年更代迭休。制其饷为二等，以时校阅。备战营课最者，拔补战兵营。其老弱不能训练者汰黜。选于直兵营拔补，兼招旧营所散游勇，以实其额。直兵久废弛，且其饷薄不足以养，恒操他业自给。责实训练，势有难行，加饷裁额，又纷纭而生弊矣，莫如因之，用以为巡兵，仍令甄别，老弱不任力役者汰除，招平民合于年限者充补，责以巡警道路，讥禁斗殴杀伤，捕缉盗掠财物，护送行旅，凡在途游敖之役，有官守者出，则为之辟，传送交替于所巡之境，酌议规条，令其轮班值日。虽应公旬趋走之役，而闲日尚多，不妨于他业。此徭役之意也。

变通营制分为四等

今大小衙门，公徒已多，而事乃不治。地面有司之差役，驿站之邮递长夫马圉，其弊至深。一名著籍，托其名而食于役数十人，谓之散役。平时钩结盗贼，烹分赃财；借催科联甲，讹索乡愚小户；缘案四出，诡名影捕，利民多讼，利讼久延，喝诈以取财，私押以肆虐，唆诬良懦，指扳质证，虽有廉能之吏，重刑严法，不能禁止。各处情形不同，而未有不为民患。驿站则利于浮泒虚支，夫常三倍，价常三折，薄与雇值，而勒令当差，名为官价，民夫以为患苦，遇有钦差大僚过境，则多方窜匿不出。地保夫头勒取疲民惰夫充数，往往半途而遁，莫可谁何，上下交患苦之。其馀皂隶民壮，巡更守门之属，与各衙门鼓吹仪卫，各局巡逻给使虽无甚弊，亦颇杂然无章，几于省异俗而县殊治。《周官》之卒伍，起于徒役，其官府给使，亦谓之徒。什长以胥，则与卒伍起徒一例。今议以差役驿夫二者为主，而杂色人目附焉，悉部以兵制，就该处公私各局，拨款为饷甚易。役为役卒，驿为驿卒，杂色人目为馀丁，其给使税局者，则税兵也。保甲固行之矣，不必易章，但求阅实，以当守兵。役卒与保甲为联，驿卒与巡兵为联，平时各治所司，有事则驿卒与巡兵，共巡警而通守政；役卒联保甲相助，而专主守，其工兵隶于作厂，责以治道路桥梁，修铁路，传电报，移运作厂货物，如外国章程。则别招平人散勇，而参以弛刑徒复作，汰于战兵备战兵者，归于役卒驿卒，税兵工兵，汰于直兵者，归于馀丁。就其所近其管带，若役卒则州县自领之，若驿卒则别

治公徒之法

散役危害

部以兵制

用哨官统焉，以属于本管兵备知府。兵额增，则散勇可招而集，内以解会匪之连，外以杜窃发之谋，即会匪因而易治。公徒尽为兵，既除差役驿夫之积弊，且与勇营工兵相习，连为一气。遇有江河堤防急功，筑城浚渠诸力政，俱可酌宜调拨，相助僇功。要使无疲倚以临之官事，无坐而游食之骄兵。即不待试之以连战而已足知为胜兵强国矣。

公徒为兵之益处

然法令之行，必自京师始也。统领步军五城兵，旧为巡兵如故。大兴宛平县役亦更以伍，与步军五城兵，各属所治编联保甲主守。惟各衙门公人，数少不能部居。夫欲强国者，首善之地，不可不严肃也。京师多盗，民多玩法，无上下之体，此不可惜费因循，谓宜别立营隶于兵部，令以更日轮值，给各衙门奔走趋召之役，由兵部发给各衙门，事多员众者给多，事稀员简者给少，以四季轮流交替，下值则归于兵部训练。常以二时给使，二时讲武，仍限年格，厚其廪饷，详立训练、考核章程，优者赏倍饷，劣者汰除。京师一整齐，天下向风承流而听矣。

法令之行自京师始

前之言十三效者，酌行为十四事，诚富强之要术，古今之明验，而犹非所以为治本也。将求先王之治本，即繁言更仆而不能终。或且疑迂阔高远，而不切于事也。善言古者，必有验于今。仍请征信于敌国已行之效：

为治之本一通下情

上下议院

一曰通下情。外国凡有举废，皆询于上下议院。两院议成，而后谋定，国主报可，而后施行。虽有植党而交讧，未有欲陈而无路者也。凡有陈告，皆无所壅。交讧之久，而是非亦见。夫非必能所行俱善，然两议而决所长，两端而从其众，此必有多取于顺民情者矣。其制下议院议士由民举，权至重。临议政府长官，列坐而听，可面相诘难，上院亦如之。遇相持不下，则分曹而别其左右袒，视两袒而从其众。《周礼》询国迁，询国危，询立君，以为国之非常。故始谋及众庶，其平时举措，皆有定制。惟宾兴贤能，与治讼狱，非周咨广听，则贤否相乱，是非不得其情。故有询万民之事。所谓爵人于朝，与众共之；刑人于市，与众弃之。不事事而询，时时而议者，圣人立政，惟先有以通天下之情，而遂足以定天下之志。其周咨久矣，故又曰"天下有道，则庶人不议"。夫非禁之议而箝其口也。制度洽于人心，无从而生议也。然犹虑法久而或敝，民俗久而或迁，故又令太宰掌万民之复逆，俾下情得以自通，而上不得壅。四裔之兴，未有首出之圣人，故合举国之心思才智损益，数百年，始以成今日富强之治。古今张弛之用不同，而其求通下情，则无以异。今假令民得奏书言事，无论其语膜而言臆，即外省与京师膈越辽矣。且如外国置上下议院，官流而民主土著，两持畛域，必护私而废公，是犹筑室而道谋也，将不求通下情乎？相蒙以诈，相遁以伪，何以能振？今且不遽广求于天下，而先议京师，又且勿遽询万民，而先议官府。各衙门官属至多，然每署惟总乌布首领值堂印稿一二人，为得与闻其政，馀皆陪班，进退而已。隔署即不相闻，所司且不得议。以百司分理之庶务，而取用于一二人，故日奔走于簿书期会，其形鞅掌，而其实康瓠。其闲散者，无事而嬉游，与未服

制度洽于人心无从而生议也

官无异。故人人视所司如寄旅，以外任为归宿。即有贤才而能其官者，虽欲自效而其道无由也。于是乎权归吏胥，各衙门乃为丛弊之府，巧历所不能算。

六部上下各陈利弊

天下政权在六部，部司之事为尤多，议令各部有差使无差使，已补缺未补缺，已奏留未奏留，郎中至主事，就本部之务，条举其利弊，因议其变通，先后具呈。而堂官职其考，未奏留者，因以为奏留甄别；既奏留者，勿遽为等差。言可采者，存而记之，且观其奉职。既补缺而京察由此选。其言利弊情形变通之法，彼此不同，以相稽考，而知其得失，此询事考言之意也。所议诚即善，且未遽施行，亦未尝暴赏，既防新进纷更之患，又绝夤缘干进之路。合众人所知，则利弊可得而尽周，得失可因而参决，上之听无惑，而下亦争自濯磨矣。

翰詹科道陈情尤便

其馀各衙门，亦令各言本署之所宜整饬，以为考察，如六部之例。惟翰詹科道，朝廷本重其选以为清要。翰詹职在献纳，科道职司纠举，故翰詹有经筵进讲，轮班扈从，起居记注，书房僚直，皆常常而见，以备朝夕论思，顾问得失，因以考验其才行。上者储为公辅，次者处之文学。故中兴以前，内而卿贰，外而督抚，皆自翰林洊濯为多，非置之闲散，令习书卷折，讲求文墨而已。翰林无簿书期会之司，此属以陈民隐、通下情为尤便。宜令翰詹自正詹学士以致庶吉士，各以其耳目所知，见闻甚确者，条举某地民风好尚，闾阎贫富，货财贵贱，物产盈歉，土地所宜，参以利弊兴除，敷陈为策论。就翰詹署为陈议之所，掌院为院首，正詹副之，庭辨得失，论定上闻。毋涉于纠弹，即无避于本省。其言之可否，则听断于皇上圣聪，不以此为黜陟之条，则但收其效，而无忧其弊也。

给事御史宜专责成

给事中，本掌纠各部之遗失；监察御史，旧职出巡所掌诸道，故有六科十七道之名。我朝惩明之弊，少损其权，令司谏议纠正，不限所司，得以风闻奏事。官守固存，然惟事而与闻，斯其不闻者多矣。谓宜仍专责成，给事某科者，责以备陈某部所当兴除；监察某道者，责以周闻某省现时利弊。部务则与部司所陈相钩考，外有情形，则与翰詹所陈相质证，纵有辨言以惑听，罔上以行私者，彼能结盈朝之口，联众声而响应乎？如此则下之情无不通，政之得失靡不闻，不啻执万民而讯之也。

外洋立国根在议院

夫外洋立国之根本在议院，议院之根源在学校，其事甚明。而习于目前者疑焉，以为于古无征。谈洋务者讳言之，假谓民权太重，不可为训也。其实欲盗威福之柄，以愚天下耳。于《礼》有征，《记》言国之大事，“受成于学”；于《诗》有征，斯言“在泮献功”、“献囚”、“献馘”，以为美谈；于《周礼》有征，朝士掌治朝之位，有群士、众庶在焉。治朝听政之朝也，众庶入于朝，即询万民之事，非议政而何矣？受成于学者，下议士为主；广询于朝者，上议君为主。君为议主，故三公与众庶咸在，不嫌于僭逾。先王创制之精，外国得其近似，而遂以致治。今采古今中外，而酌其损益，合治朝国学两议，而先询儒臣，经权至不相远，然学术之衰久矣，自以大卷试帖白折课翰詹，而幸获者多，空疏者众。国计安危，民生休戚，或芒然而无知，言之而不切，则欲益而反损。夫欲通下情者，近臣不可不察也。计惟有令翰詹自相推举，选于其众，始令入院议事，令不入选者，相观而兴起，且以求民隐，且以勉人才。其诸寺京堂各部司员有明经术、达治理、周知中外情形者，由朝士若干人，推举以上，得入院同议，俾相讲求切劘，而人才日出，则何政不成？岂以数千年圣贤精营之业，而屈于四裔者哉？

通下情之计策

一曰明教典。古之为师者，皆受命于国也，无私家之师。故《司徒》之纪曰"联师儒"，而"九两"系民目，言"师以贤得民"，"儒以道得民"，别乎在朝与在野言之也。大学在国郊，其师则春官、大乐正一属，《记》所谓王太子，诸侯之世子，卿大夫元士之適子，国之俊选皆造焉。谓之成均，谓教成而德均也。王宫虎门，为王子贵游之小学，师氏保氏为之师；六乡之学，为族塾党庠州序，以教国之俊选，其师自州长以降，而乡老大夫率焉。古者致仕归而教于乡里，大夫为父师，士为少师，各就其乡，而君命之教。故乡遂之官，皆致仕之任，容有在朝奉职者兼焉，要以任用致仕士夫为主。所谓使民兴贤，出使长之；使民兴能，入使治之。其登进由族师以三物询万民，书贤能以升于党正州长；名升于官者，身入于其学；乡老大夫，考德观成，即名达于司徒，谓之进士；乃升于大学，与国子齿，司马论之，位定而受禄。《记》所谓"升于司徒者，不征于乡；升于学者，不征于司徒"。其国子

为治之本一明教典

古代教典

则由虎门之学，即升于成均，其外州则命之教然后学。既立学然后贡，亦进考于成均。国子俊选州贡，凡三科而并进，皆三年而一举，所教即所取，所取即所用。教官与考官，无异人异见，即无有学优而身滞，业隳而弋获者也。今国子监，古之太学成均也；上书房景山咸安八旗官学，则王宫虎门之学也；大小书院，则古之族塾党庠州序也。然教官与试官不谋，司教者不典试，典试者不司教，决进于一日之长，不关于平时所学。则学者不劝，而贤能无自而兴。外国升进举由于学，其学分大学、中学、小学三等。十七岁以前无人不入小学。操别业者，或入中学而止。为士者皆入于大学。学分五科，共一院而分治业，由学院考取。成名以后多著述，有重望，乃得为大学教习，命为博士。国设典试官，与大学博士，参主选士。考授丞贰吏胥之属，典试官为主；考取五科之士，博士为主。于平日群萃州处，考校而以为优。即关于学部，由大学生徒，得升为中学教习。其艺多者其廪厚，不名一艺者不得升。由成一艺以上，又能通达事体，凡大学得专举议员。博士与群士，即得举所知，以登于议院。选举议员之制，各国小有异同，然率以曾入大学，学业多通，长于笔札议论，周知国政民事，凡三者以为选举之式限。民有田产，岁捐若干磅以上，有职业，岁能自致财若干磅以上，始得举人。视古制为简夷，而颇得其意。外国得其意，中国存其制，则何不循名而责实乎？

今之教典

外国教典

改革教学制度

议举行致仕之典，令士大夫七十者咸致仕。其未及七十，而愿致仕者，察由科目出身，曾经实任，未获私罪者，亦予告休，皆令归教其乡，命主本处书院。此致仕为教官，宜待以在官之礼，与地方官晋接仪注，如所居官秩。其等威令京外相比，总督视尚书，巡抚视侍郎，布政视三品京堂，按察视四品京堂，道府视科道，知府视郎中，同知直州视主事，首领与知县同，视七品小京官，秩从京官，仪从外官，令颟若画一。其与现任官晋接，尚书视总督，侍郎视巡抚，三品京堂视布政，四品京堂视按察，翰詹科道视道使，郎中视知府，主事视直州，中书七品京官视知县。分省、道、府、县书院为四等，就本处致仕人员，以朝命命之教。爵尊者主本省书院，爵卑者各主其县书院，以次而差。同时致仕，爵均者以齿，爵齿次当及，而不愿居此职者，令其自举代，然后得退休。以其岁脩为之禄，专任教化，参与选举，其馀皆不与。有不法者，郎中知府以下，由本道纠举，翰詹科道以上，由督抚奏参，皆会同于学政。其造士令人执专业，责其实效。

改革考试制度

今府县之试学僮，具文而已，实不操进取之权，又无主教之责，徒以苦繁供亿劳敝学者，甚无益也。议移县府考试，归于府县书院。由县书院课最，升于府书院；由府书院课最，升于道书院。学政分道按临，则取各道书院生徒，与各道书院院长，参合同异，而考其成。院长举而学政试之，各以其所业，果有成就，学僮取附学为生员，生员补增广，廪膳一如旧制。取其尤异为高才生，以升于省书院，省书院院长考其业。三升而皆课最，以达于本省督抚。本省督抚与学政会考之，则以为选贡。如欲规复先王造士之法乎？谓宜罢遣考官典试乡试举人之额，而合恩拔岁优为一科，每县一人，三年而一举，以贡于朝，即会试于礼部。如惮积久难更也，则姑仍旧制，而以此途选贡入于成均。今国子监考取举人贡监为生徒，而无出身。景山宗室咸安八旗官学，皆为置师，且教且养，及其进取，则一切付之考官。荫生则有出身矣，而考者徒具文，学校与仕途为二，则学者皆游惰，仕者图徼幸，天下纷然。请以官学责成管学官，定格考成，拔其尤以升于国子监。荫生则核实考取中选者，亦选于监。合官学生、荫生，各省学政资送贡生，本监考录举人生员之肄业生，四者并观业于成均，三年而一大比。管学大臣职其考，祭酒司业贰焉，分其等而同予出身，与进士分途并进。

仕退而有职任，则人乐于致仕，而仕途无壅滞；官师而参选举，则教之莫敢不从，而游惰之士日少；业成而有官禄，则学者自劝于所业。人才将由此出，教化可由此兴。夫求人才而登进之者，所以助理成化也；兴教化者，所以使民安其生，乐其业，免于刑戮，隐消兵革于未萌，而为国家保长久也。其事若为士谋，其实乃为民谋。为民谋者，乃所以为国谋也。立官师于国，犹虑教不究于乡；广学校于秀良，犹虑泽不被于萌庶也。天下大矣，府州县治之外皆乡也，士之外皆民也。今州县之经野各自为治，或为乡为都，为保为村，为场为集，或为之保正乡约，都首团董，里长社长，与若义塾之师，或由民举，或由官

官师之优

不改教典之患

授，未始不言政教也。然而所在强侵弱，众暴寡，饥寒患难不相恤，死伤不相救，富者封殖，贫者盗窃，户婚田土，攘夺斗殴，仇杀之讼狱，岁累而月积，吏胥与绅董，又因以为利，而肆其威，民则相率就缧绁，以瘐死于狱。幸而不死，绅董借事以朘其财，更相告讦，至于不可究诘，则听其自强弱矣。会匪因缘而起，钩连横煽，小则劫掠，大者谋为不轨，可为寒心。

嗟乎，以不教之民，而令理一乡之教治，又以率不教之民，是驱天下强悍之贫民，而入于会匪也。天下民皆入会，则谁与供民职乎？然而反求之于古，则未有其事也；近求之于外国，则并无其患也。此何以故？古者士皆有宗，农皆有主，工商皆统于官，皆有分属考程，故人皆各尽其情，而不敢或遁于法。外国惟以法治，而分类而居，并业而处，故人皆服于法，而不得遁其情。

今鉴于古今中外之得失，而求其近于古而可行于今者，则莫如推广学校于乡，而寓以宗法之意。议自一品至九品，凡致仕者皆命为其族宗子。一族而并有爵，以爵尊；爵均，以昭穆；昭穆同，以齿。为其宗子者，即为其族长。其族上其名于县官，县以申于藩司，达于礼部。为族人之长者，即为其族之师。令民合族为联，即分族而教，分族而治。每族立一塾，教其子弟之秀良，县书院之肄业。三年而一考取，由族塾而选也。则既言矣，族之师但令保结，不由荐举，即私亲之弊无自而生。其馀粮课捐输，社仓契税，矜孤恤寡，养老赈贫，更役团甲诸关于乡

推广学校于乡寓以宗法之意

者，皆以属其族，族长职之，尽除里长乡约诸色人。而概令民以族治，则宗法行矣。其有盗窃烧会聚众为非者，族长执以付于官，相隐者连坐。命主一族户口之籍，集族之公财，以收养其孤寡废疾者，先为议定条例，颁发遵行。有不法者，州县得举闻，以其品秩分命督抚巡道查按，如官师之例。此则户口之繁可核，盗寇之源可清，困穷有所收恤，赋敛不致浮滥。子弟之游惰，由此而少，闾阎之观法，由此而兴。何则？其情得也。乡之人势不能无所统，县之吏耳目所不能周，与若用乡人以治他族，则何如用其父老，自治其子弟之为愈也？与若用乡人之屠沽，以治一乡之士夫，则何如用乡之士夫，自治其族之为愈也？

为治之本一核名实

一曰核名实。今中国官多，而事乃不治者，名实不相副也。有职繁而并务，有官冗而无事。并务者劳于簿书期会，而不暇思事；无事者无食，则相率而营私。孔子曰："必也正名乎？"马融说以为正百事之名也。今谓之字者，古谓之名。先正其名，其分乃定。故曰《春秋》以正名分。名不正之弊，推之至于礼乐不兴，刑罚不中，民无所措手足。而治之之要，在乎审方策之名，如今修会典矣。《周官》一书，周公所以致太平者，在乎设官分职。官职所系奉为科律者，即在某官职某事之数言，其名一定，天下晓然，然后循名责实，天下可得而理也。孔子为鲁，先以簿正祭器。假若孔子为卫，亦必先修明典章，以正朝廷，故曰正名也。今既诏修会典三年矣，率摭取已行故事，增入条例而已。谓宜考先朝定制之初意，斟酌以成一

《周礼》在乎设官分职

代宪章，挈其纲领，别为“会典提要”一书，专明某官职守某事，及其仪注起居服用，全法《周官》之意，颁行各署。凡实缺人员命为法守，内自大僚至部司，去其兼理兼差官务繁多者，以埤无事之员。务令凡官皆有所职，

大考庶官

然后大考庶官。乃命各署堂官会同，撮举“会典提要”在官之所用，参合古今学术士人之所习，析为考试若干条。令庶僚具呈各承所业，乃选大臣之能其业者，分业而课殿最。课最者视明保，课殿者降改官，一无能业者，归之于国子监，与举人住监一例。不愿住监者，罢归田里。其国子监宜废学业之科，与考试庶官若干条相比，由监肄业课最，管学大臣保举，量其能，照原品与官。一考黜陟，而壅滞已疏，人才自奋。其留署效用者，京察以此为衡，某官某差，第其奉职状，皆有切实考语。其外官实任职守，考课一切如故，但令核实而已。

夫禄之与位，名实宜相因也。而禄位之与礼命，名实又不可不相附也。今或同官而差缺之优绌悬绝，有官尊而

今之官场弊端丛生

所入薄，位卑而所入丰，譬若内之六部诸司，吏户掌印漕运督粮木厂琉璃窑监督，岁入可数万金，别部堂官或不能及，诸寺京堂，则仰屋而嗟矣。其馀司员自俸之外，各省自为治，岁分印结费，不过能数百金。外吏同一州县优缺，岁入可十万，下缺乃一二千缗。道府优缺，可岁入三四十万，下缺二三千缗。故长官居缺之贫者，仰给于属僚之私馈陋规，而属僚相率夤缘长官，奔走脂韦苞苴行赂，以营求所谓美差优缺，而国计民生，置于不问也。仕进之

途滥，试用候补之员日增，不得已推广闲局以养冗官，而夤缘奔竞倾轧之风日炽。官方不澄，政何由举？仕版不清，官方何由澄？捐纳不停，益以滥保。一省候补道员，多者以百数，州县以千计，其宫室车服，婚丧宾祭之用，贵贱无所限制，有财者任自为之。富者争相夸耀，而贫者勉强效尤，故虽常处美官，而恒患不足。长官干没不已，下僚聚敛而供，以两求其所欲。上则交侵公帑，下则巧取民财。于是金币器物，地产民力，悉率以供豪奢兼并之家。而民生困瘁，位与禄之名实不副，而官方坏；禄位与礼命之名实不副，而天下贫矣。古者位定然后禄，侯国自下士代耕，等而上之，至于君十卿禄，王朝自士食四井，等而上之，至于公受成国。《周官》爵以驭贵，禄以驭富，掌于大宰。驭者使其无过不及之差，令其爵禄相等也。有职然后设官，士进而未受位者，皆返于学。《小宰》以官成经邦治，听禄位以礼命，典命掌诸臣之五等。其宫室车旗衣服，礼仪度数，皆各如其命数。所谓以平邦国，以均万民，以节财用也。

爵以驭贵禄以驭富

求于古之治则如此，如疑其不可行于今也，则曷观外国整齐之效乎？英法诸国官制小异而大同，其世爵皆拥富资，馀官率以身俸多寡，为其位尊卑之等。富而有才能者，得骤举为各部长官，禄给其在官之用，僚属由长官自辟。积年劳者，加其俸薪，虽有夤缘干进而无夤缘调缺。其总司会计司关税之属，所司出纳，重者俸入即重而位亦尊，故取民者皆入于公，无陋规中饱之事。凡政务官率无

英法诸国官制整齐之效

候补，惟议员邑宰，水师兵官有候补倍实任员数。议绅邑宰，候次于家，水师兵官，限年仍就于学，以学之考课殿最，为拔补保举，无聚冗官而仰游食之弊。惟俗尚奢侈，其宫室服用，则诚上下无度，富人皆兼并而国重征。此与古之为治相反，然颇整齐而治者。家兼并而鲜锢藏，国重征而财仍散也。其法自君以率，食于官之奉，不以遗其家。国君自有私财产业，寄股分于各公司。凡出征敛统于公司，不以国君之股分而免税。画分公帑若干，以为国君岁奉，此外君无所取，故相承多富而后求仕。其仕而求禄者，辟除之属吏而已。有年劳积增其俸，无所营于优缺美差，显者无以仕致富之事。国用之出入权于议院，财产多者出亦多，无能恃势以逃税。地方之兴作，亦发议于议院，报可而民自董其成。凡书院艺院，医院养济院，街衢道路之属，率取于其民者，即用之于其地。贫者借以资生，利溥而事周，有加而无已。如不肯师古，而欲取富国之近效乎？则必先置府库之财，不为国所主，以与民共议而治，然后画公帑为国私财，以与民共贾而食。此中国能之乎？此如不能，而徒渐其聚敛兼并奢侈之习，用之者无厌，而为之者不给；聚之者甚速，而散之者无时。求财源之不竭，可得乎？则曷返其本矣。

国用出入权于议院　地方兴作议于议院

欲正官方惩多取，则莫先于计官而制禄。国家之廉奉，势不能以自给，故内外官府所在，皆有陋规。相承既久，亦无大害，但以不均为患，故贪竞成风。请定制举京外大小衙门陋规，核实而简稽，明著于令，以为京外官养

计官制禄　明规养廉

廉津贴。内则分署而计，令诸司稽合同异，条陈名目多寡，互具保结，以申于堂，堂官会议核定以闻。会计堂司所入，凡若干款，有隐匿不闻者，御史得纠举。其翰詹科道，亦令掌院都御史具闻。外则分省而计，督抚下诸道督各府厅州县，稽合同异，条陈名目多寡，取所治绅民干结核实列款通详。而藩司职其总，会计一省从督抚至佐杂，凡若干款，督抚会同核定以闻。有隐匿不实，学政得纠举。其学政校官及武营，则令学政提督会同督抚具奏如令，所在备闻。乃大会计于户部，计一署堂司若干员，通率入款若干数，六部则堂官为一等，实缺司员为一等，候补司员为一等，小京官以下为一等，诸寺监则正副堂实缺候补司员为三等，内阁堂属尊卑相判，别分为五等，翰詹科道无堂属，则异以品阶分为三等。通率以其一署人数，较其入数，有均之而犹不赡，有分计而常有赢者，即拨移此署之羡，以补彼署之不足，命为协济养廉。其入款仍归本署自收，而会计于户部。开支本署者，由本署截留；协济他署者，解入于户部，户部管其度支，发于所协济之署。 协济养廉

外省则督抚两司各道知府州县分为五等，首领佐贰佐杂，又别为三等而差。各道知府州县三等之中，又品第为上中下三等，原缺优者与上等，次者与中等，下者与下等。同官三等津贴之差，至多无过两倍。于均平之中，仍寓治繁治简，鼓励人才之意。既得因材器使，又以塞其诡隐乱法之源。率由州县解于藩司，藩司为之支发，上其会 均平之中寓治繁简鼓励人才之意

计于户部，以一省员数较其入数，有赢不足过差者，亦令拨此省之羡馀，以协济他省之贫者。户部酌章定，去其泰甚取之病民者，刊印章程一书，永著为式，颁发各衙门诸司、各直州县，与天下共闻知。有于令外加取于民者，民得讦告部科纠举，处以重法。官禄既定，有以处实任，无以处闲员。听之乎？仆缘巧滑，冗食朋比，侵夺坏政乱纪者如故，不可为也，一切罢归田，以时资取谒选，未为非计。而愚者见目前之利，不肖者乐于乘乱，以便其私，必且天下嚣然。且既命之来仕矣，不能无故而黜退，宜令督抚严核各省局务，宜罢不宜罢，不宜罢者，严核局员；宜裁不宜裁，不宜裁者，著为缺额，详议章程。寓辟除之意，而参以考试之法，就局务之兴除利弊，及洋务之制造测算图绘，令候补人员自呈所习，而督抚两司，参执其考。能其事者，以等次分界局差。不入选者，就闲局拨款，为学习人员学院，仿外国水师学堂章程，以考课殿最，为擢补先后。无实任班次者，即令终身于此途。有实任班次者，至期调补如故。捐纳之宜停，不待踌躇而决矣。保举之塞仕途，盘踞钩援，徇私行贿，坏官方，隳士节，为害尤巨，而不能悉罢，宜严立限制，非已任实缺，不保过班。督抚之用局员，既如辟除矣，其有兼才知治体，由局员保授实任官者，亦依辟除之典。不称职者，连坐举主，永著为令。凡品官宫室车服器用，昏丧宾祭之等差，则详著于会典提要，颁发所在遵行。命官时时纠察，以昭轨物。《周礼·太史》以书协礼事，掌建邦之六典，

选任裁罢官员办法

命官纠察以昭轨物

辨法者考焉。内史执国法，及国令之贰，以考政事。我朝礼书，亦掌于史官而统于礼部，惟考法之事，缺焉未讲。雍正朝曾命儒臣出为观风正俗使，亦犹行《周官》之治，故其时天下蒸蒸。此先朝之盛典，不可阙也。向既言均官职矣，今翰詹居于无事，谓宜专令翰詹与科道纠察京师官士吏民，车服器用，昏丧宾祭礼仪等威。有僭乱者举之，咨于礼部，官则举其物入公，而科以罚俸，民则但没入其物，不科馀罪。其外则选翰詹科道，为观风正俗使，或即以学政兼其职，有所纠察，咨闻礼部，其罚一如京师。如此即不虑天下骚然，而制度等威已辨矣。均官职则人人皆有事守，贤者乐尽其职，不肖者，亦不敢营私以废公。明试以功，而人材自见。均官禄则人人不虑身家，取之于民，不犯赃私之罪。与之自上知感朝廷之恩，廉者保其操，贪者畏于法，而奔竞之途自息。明制度则天下皆定其心志，奢者不敢僭，俭者无所求，多财不足以夸荣，而贪黩之风自止。一举而三善附，百姓被其泽，天下称圣明，则何惮而久不为此？夫奉法行政，用此共治此民者，皆官也。于此不图，谁与共理？

均官职

均官禄

明制度

一曰课民职。士农工商，谓之四民。民则必有业。今称为士者，但能挟策咿唔，曾与县府之试，托名为士，终身游食，往往困苦无聊，无所不至。其稍才智者，乃为讼棍会匪。乡闾子弟席有先人田产，此似为农，然实不知耕稼，甚者深居华奉，未尝一履阡陌，惟佃田与农人，坐而衣租食税。富家豪者，或家承盐荚鱼陂质肆江号之利，此

为治之本一课民职

宜为商贾，然实未尝躬亲市廛，惟役使主计僮指坐而计入。平人小户，幼无力就学，至长无所业，相率游闲，久之无食，则流为盗贼，入于会匪。弱者偷窃，强者劫掠。军务既平，营勇多遣散，彼惟习杀人劫物，别无能业，则钩连会匪，相与为一，小则劫夺，大则铤走为乱。此五者，皆游惰之民也，为害于天下甚巨。有知其为害，而亟欲治之者，会匪与讼棍是也。有不知为害，而未尝思治之者，似农而非农，似贾而非贾，二类之民是也。知为害而治不得其本，虽日事严刑重兵以诛锄之，犹之未治也。五者之患不同，而皆为游惰。民之多游惰，国之所以不富强也。今务富强，而不知惩游惰，其于富强之术，不亦远乎？欲知富强贫弱之分，外国人人有职业，而中国处处皆游惰，即此可知矣。昔先王之政，士与军皆选于农，故《周礼》选士谓之兴氓，征军谓之起徒。入于学则一人食于学，调于军则一人食于军，其家仍为农也。简黜于学者，仍令归农，军罢而还，复还于畎畆。惟进仕于朝，始除其农业，而举家食于官。未有进不得仕，而退无所归者，亦未有聚则养以为兵，散则听其走而之四方者也。其农则计口以分田，分一易再易三易，等为上地中地下地，准之为家百亩，家二百亩，家三百亩。未有不耕而坐食者。其田主惟士大夫，有采立宗，世禄之家则然，所谓宗以族得民，主以利得民也。其商贾则治于司市，而肆长以上，皆著籍于官。其山林川泽，则掌于虞衡，与国人共之，不为一家之利。质人泉府，主通民用有无则公家之事

此五者皆游惰之民为害甚巨

民多游惰国不富强

《周礼》责民职业严密游惰不存

也。未有食商贾之利，而不亲市肆之业者。其馀夫授田二十五亩，或不肯耕作，则收其田，谓之为闲民，而罚令出夫家之征。大宰九职任万民，则曰闲民无常职，转移执事。其夫家之征，则取于其转移执事之主。有无主无所取征者，谓之罢民，执以归于圜土，督立工作，出于圜土则杀之。其责民之职业如此其严密也，则安有游惰者乎？

外国之民皆有职业而少游惰

诚不能遽复先王之政，亦宜深鉴外国富强之故，而禁我游惰之民。彼国不必人人有家室，而责令人人有职业。其收效在所在有学院艺院，举国无贫富贵贱。凡五岁以上，皆责令就学，违者罚其父母，贫者养以公财。十七出小学，各就其所近分业而治，士与工无殊。学此艺不成，改执他业。其国自官府商会工厂公司用人，无业不出于学，无职不用其考。至于商肆经纪乳妪，皆有考取入选凭据，必成一艺以上举得以谋生。故人人自勉，稍才智俱劝于能，成业以去。其兵有聚养，而无遣散。限年过五十者退，而仍食半饷以终其身。故无游士游民游勇之患。其园主富商，诚亦役贫以自养，然国之公举出财以教养国人者，数亦不资。其治与古不同，而责民以通职业，任保恤，抑犹行周官之政。

课民有职抑制游惰

游士游民游勇之流，为盗匪为患易见，而欲治其乱源，则必先责之坐食之农，与坐计之贾。何故？二者皆兼并，而封殖以妨民生计。失业者众无所赖，则游惰匪盗因缘而起。向既议令民分族而治矣，请令富民分其财产以赡族，限有田若干亩以上，十取其一，为赡族之田。即令其人主其族田之出纳，就族塾附立工商学堂，就其地产所宜，推乡之耆老，知工商者为教习，与其族致仕之师与长共议而交治之，为之养且教。其族之贫无业者，亦不令坐食。若为士，则教于其族之书院，限年考核。学而无成，则令改业。为农者，即耕赡族之田。为工商者，令学于工商学堂，务使能执业而事事。不率教者，许其族公议，去其族籍，以闻于有司。为匪盗者，责成其族，执以付于吏。孤老无依，贫嫠不嫁，始廪而坐养之，著为科条，限民田产若干以上。为富农富商，出田产赡族若干以上，乃得与民爵，凡数等。捐例既停矣，富民以为荣，风行甚易。贫者得食，而教以执业，即不虑游闲流为盗匪，富者即以理财赡族为之职业。化豪强兼并，为保恤之良民，一举而四患除。至于散勇之患，既议兴工作厂，则有工兵。既议变通营制，则可召补额兵。既议易有司公徒为卒伍则随也易于安置，就近而剂盈虚。近其乡者，则令归其族，编于保甲。如此犹有结会椎埋者，缚杀若犬豚耳。夫天下虽众，官与士与民尽之矣，次第举而治之，朝野安全甚易。再复因循，人方曰长炎炎，而我日凌夷不振，国贫于上，民匮于下，而官中饱，民不聊生，相激相援，会匪盗徒盈天下，有如往岁美生窃发之计潜结横煽，伏莽俱起，此时即欲偷安而粉饰，其可得乎？

外国盛强在于治法之密近于古

顾议救时，而必斤斤复古者，诚见外国之盛强，在于治法之密而近于古，非因循补苴之治术，所能与之争。《周官》圣人经世之术，外国略得其意，而其效立睹，非汉唐以下诸人之所及见。论者不思其本，欲举国效洋，而天下哼哼不服其名，狃于习见，闭口不谈，而天下汹汹，交丧其实。孰明乎外国之为治，有得有失乎？其失者，彼夷狄之法，其得者，乃古昔圣人之意也。今取证于外国富强之实效，而正告天下以复古之美名。名正言顺，事成而天下悦从，而四海无不服。舍此而再思其次，则无策以自救。用此则拨乱而反治，转败而为功，譬之荆轲入秦，图穷而匕首见矣。夫殷忧者，天所以启圣人也。毋亦我朝奉天宪圣，经术当兴，天故令外夷之悟我中国乎？则何幸有此万期之一时也。

宋育仁泰西各国采风记

人名索引

九画

十画

十一画

十三画

十四画

十五画

十六画

十七画

宋育仁泰西各国采风记

译名简释

五画

本士

penny　便士

由吝爬里司

union parish　(济贫)教区联合(1834 年英国新济贫法规定要把小教区联合起来组成济贫法联合)

六画

考息卡岛

Corsica　科西嘉岛

汤

Town　城镇,商业区

汤康喜尔

town councilor　市镇议员

七画

克里斯顿教

Christian　基督教

伯理玺天德

president　总统

阿佳底密

Academy　学会,学术团体

八画

枚息那

Messina　墨西拿

英格伦

England 英格兰

虎哥

Hugo Grotius 胡果·格老秀斯

爬理司/爬雷司

parish 选区,管辖区

十画

莱本尼子

Leibniz 莱布尼兹

格男浮

governor 省长,总督

鸭挪吉思

Anarchism 无政府主义

敌司退克

district 地区,教区,选举区

十一画

康退

county 郡,县

维而司

Wales 威尔士

走向世界丛书一百种

初编三十五种以 * 标出

谢清高 **海录**
* 容　闳 **西学东渐记**
* 林　鍼 **西海纪游草**
* 罗　森 **日本日记**
* 斌　椿 **乘槎笔记**
* 张德彝 **航海述奇**
* 王　韬 **漫游随录**
* 志　刚 **初使泰西记**
* 张德彝 **再述奇**（欧美环游记）
* 张德彝 **三述奇**（随使法国记）

王　芝 **海客日谈**
* 祁兆熙 **游美洲日记**
* 李　圭 **环游地球新录**
* 郭嵩焘 **伦敦与巴黎日记**
* 张德彝 **四述奇**（随使英俄记）
* 黎庶昌 **西洋杂志**
* 刘锡鸿 **英轺私记**

李凤苞 **使德日记**

钱德培 **欧游随笔**
* 何如璋 **使东述略及杂咏**
* 张斯桂 **使东诗录**

黄遵宪 **日本国志**
* 黄遵宪 **日本杂事诗**〔广注〕

陈兰彬 **使美纪略**
* 曾纪泽 **出使英法俄国日记**
* 王　韬 **扶桑游记**
* 徐建寅 **欧游杂录**

谭乾初 **古巴杂记**

王之春 **谈瀛录**
* 李筱圃 **日本纪游**

池仲佑 **西行日记**

蔡　钧 **出洋琐记**

袁祖志 **瀛海采问纪实**

张祖翼 **伦敦竹枝词**

王以宣 **法京纪事诗**

潘飞声 **西海纪行卷**

潘飞声 **柏林竹枝词**

潘飞声 **天外归槎录**

张荫桓 **三洲日记**

邹代钧 **西征纪程**

王咏霓 **道西斋日记**

张元济 **环游谈荟**

余思诒 **楼船日记**

缪祐孙 **俄游汇编**

张德彝 **五述奇**
* 傅云龙 **游历日本图经馀记**

傅云龙 **游历美加等国图经馀记**

洪　勋 **游历闻见录**

崔国因 **出使美日秘国日记**
* 薛福成 **出使英法义比四国日记**
* 薛福成 **出使日记续刻**

陈道华 **日京竹枝词**

严　修 **东游日记**

姚鹏图 **扶桑百八吟**

凤　凌 **游馀仅志**

* 黄庆澄 **东游日记**

吴宗濂 **随轺笔记**

宋育仁 **泰西各国采风记**

王之春 **使俄草**

伍廷芳 **美国视察记**

* 蔡尔康等 **李鸿章历聘欧美记**

张德彝 **六述奇**

刘学询 **考察商务日记**

黄　璟 **考察农务日记**

罗振玉 **扶桑两月记**

罗振玉 **扶桑再游记**

丁鸿臣 **东瀛阅操日记**

沈翊清 **东游日记**

* 梁启超 **新大陆游记**

张德彝 **八述奇**

载　振 **英轺日记**

吴汝纶 **东游丛录**

双　寿 **东瀛小识**

缪荃孙 **日游汇编**

周学熙 **东游日记**

* 单士厘 **癸卯旅行记**

凌文渊 **籥盦东游日记**

张　謇 **癸卯东游日记**

蒋　煦 **西游日记**

王景禧 **日游笔记**

陈　琪 **环游日记**

* 康有为 **意大利游记**

康有为 **德意志等国游记**

康有为 **英国游记**

* 康有为 **法兰西游记**

韩国钧 **实业界之九十日**

李濬之 **东隅琐记**

盛宣怀 **愚斋东游日记**

* 戴鸿慈 **出使九国日记**

金　鼎 **随同考察政治笔记**

* 载　泽 **考察政治日记**

程　淯 **丙午日本游记**

康有为 **西班牙等国游记**

杨泰阶 **东游日记**

文　恺 **东游日记**

左湘钟 **东游日记**

吕珮芬 **东瀛参观学校记**

* 林汝耀 **苏格兰游学指南**

* 单士厘 **归潜记**

金绍城 **十八国游记**

附 艾儒略 **职方外纪**

附 南怀仁 **坤舆图说**

附 丁韪良 **西学考略**

附 艾约瑟 **西学启蒙**

图书在版编目(CIP)数据

泰西各国采风记/宋育仁著. —长沙:岳麓书社,2016.9
(走向世界丛书/钟叔河主编)
ISBN 978-7-5538-0663-1

Ⅰ. ①泰... Ⅱ. ①宋... Ⅲ. ①西方国家—概况 Ⅳ. ①D75

中国版本图书馆 CIP 数据核字(2016)第 189614 号

TAIXI GEGUO CAIFENGJI

泰西各国采风记

作　　者:宋育仁
校 点 者:穆　易
责任编辑:杨云辉
责任校对:舒　舍
封面设计:吴颖辉　贺红梅

岳麓书社出版发行
地址:湖南省长沙市爱民路 47 号
直销电话:0731—88804152　88885616
邮编:410006
岳麓书社网址:www. yueluhistory. com

2016 年 9 月第 1 版第 1 次印刷
开本:890×1240　1/32
印张:8
字数:178 千字
印数:1—3 000
ISBN 978-7-5538-0663-1
定价:40. 00 元

承印:长沙超峰印刷有限公司

如有印装质量问题,请与本社印务部联系
电话:0731—88884129